ごはん検定
公式テキスト

 監修　お米マイスター23区ネットワーク **東京都ごはん区**
　　　一般社団法人 **おにぎり協会**

実業之日本社

◉ ご飯のある風景 1
炊きたてご飯

一汁三菜の献立

　一汁三菜は、伝統的な日本料理の献立。ご飯に、みそ汁などの汁物を1品と、おかず3品をそえたものです。

　もとは、武士の宴などで供された「本膳料理(ほんぜん)」の献立の構成のひとつで、室町時代にはじまり江戸時代にかけて発達し、汁と菜の数によって、一汁五菜、二汁五菜、二汁七菜、三汁七菜……などがあります。

　2013(平成25)年に和食文化が、ユネスコ無形文化遺産に登録されましたが、「一汁三菜を基本とする日本の食事スタイルは理想的な栄養バランス」と評価されたのが、選ばれた理由のひとつだといわれています。

　では、お米を中心とした一汁三菜の食事は、どうして「理想的」といわれるのでしょうか。この本で学んでいきましょう。

関連する章
▶第2章　日本人とご飯（P33～）
▶第5章　ご飯の栄養と食育（P81～）

Recipe

だし巻き卵

材料（つくりやすい分量）
卵…6個
出汁…1合
塩…ひとつまみ
薄口醤油…大さじ1弱
サラダ油…少々

作り方
1　卵はひとつずつボウルに割り入れ、出汁、塩、薄口醤油を加えてなめらかになるまでかき混ぜておく。
2　卵焼き用の四角いフライパンをやや弱めの中火で熱し、サラダ油をひき、お玉一杯くらいの*1*を流し入れる。
3　卵が焼けてきたら手前に巻きこみ、空いた奥のスペースにまたお玉一杯くらいの*1*を流し込む。これを繰り返す。

hoku hoku

◉ ご飯のある風景 2
おにぎり

塩むすび（おにぎり）

運動会や遠足、お花見などの行事・行楽には、必ずといっていいほどその姿がある「おにぎり」。炊いたご飯を食べやすく、ぎゅっとにぎったもので、日本では、奈良時代にはすでに「にぎりめし」という言葉があったといわれています。

戦国時代のサムライの携帯食として、江戸時代の旅人のお腹を満たすものとして、いつも人々のそばにあったおにぎりは、まさに日本人の「ソウルフード」といえるでしょう。

そんなソウルフードにかける日本人の努力は、半端ではありません。「冷めてもおいしい」米の品種の開発のみならず、最近は、サンドウィッチのように具をはさんだ「おにぎらず」や、ラップサンドのような「スティックおにぎり」も登場。おにぎりの世界は、進化し続けているのです。

ところで、あなたがにぎるおにぎりは、どんな形ですか？ オーソドックスな三角形？ それとも俵型、丸型でしょうか。

ほんの数十年前までは、日本全国には「4大おにぎり型」と呼ばれるおにぎり型があり、その数も拮抗していました。では、なぜ三角形が一般的なおにぎりの形状になっていったのでしょうか。その答えは、この本の中にあります。

関連する章
▶第4章　おにぎり -日本人の「ソウルフード」- （P65～）
▶第6章　米の品種と表現方法（P97～）

⊙ ご飯のある風景 3
郷土料理

日本各地の「ごちそう」ご飯

　日本の郷土料理には、とにかく「ご飯」系のものがたくさん。それはなぜか、という疑問に答えてくれたのは、高知県立大名誉教授の松﨑淳子さん。「昔は米が貴重だったので、ご飯が"ごちそう"だったんです」

　たしかに、日本人の誰もが白いご飯をおなかいっぱい食べられるようになったのは、昭和30年代以降のことです。縄文時代後期〜弥生時代から米づくりをしていた日本人ですが、一部の貴族や特権階級を除いて、一般の人にとって米の飯は特別な日のごちそうだったわけです。現代でも、お祝いやお祭りの時には、赤飯や餅が用意されますし、5月5日の「こどもの日」や3月3日の「ひなまつり」の食卓には、柏餅やちまき、ちらし寿司など米の「ごちそう」が並びます。

　そんな日本の各地に伝わる「ごちそう」ご飯について学びましょう。

関連する章
▶第2章　日本人とご飯（P33〜）
▶第3章　日本の地域のごちそうご飯（郷土料理）（P49〜）

Recipe

田舎寿司（高知県北川村）

材料（つくりやすい分量）
ご飯…3合
【あわせ酢】
焼きサバのほぐし身…1/8切
ユズ酢…60cc
ショウガ…1片
砂糖…60g
白ゴマ…大さじ1
【具材】
シイタケ…適量
コンニャク…適量
ミョウガ…適量
リュウキュウ（ハスイモの茎）…適量

作り方
1　サバのほぐし身とユズ酢を混ぜておく。シイタケとコンニャクは醤油と砂糖で煮つけ、ミョウガとリュウキュウはユズ酢で酢漬けにしておく。
2　ご飯が炊きあがったらすぐに1を入れ、切るように混ぜる。みじん切りにしたショウガ、砂糖、白ゴマの順に加えて、うちわであおぎながら、全体の味が一定になるようによく混ぜる。
3　2に味つけした具材をのせる。

◉ご飯のある風景 4
アジアンご飯

アジアは米の発祥地

米は、小麦、トウモロコシとともに「世界三大穀物」のひとつに数えられています。これらの穀物の発祥の地では、高度な文明が開かれ、今日の人類の発展にはなくてはならないものでした。

米の起源は、現在の中国やインドのあたりと考えられています。ここから西はヨーロッパへ、東はアジア一帯へ広がり、特に東南アジア・東アジア世界では米文化が浸透し、それぞれの社会の基礎をつくったのです。

日本で育てられている米のほとんどが、「ジャポニカ米」といわれる粘り気の強い品種。では熱帯・亜熱帯が主な生産地の「インディカ米」と、どのような違いがあるのでしょうか。またどちらのお米のほうが、世界で多く育てられているのでしょうか。

考えてみれば、アジア生まれの米が「ジャポニカ」と「日本」風の名前となっているのも、不思議ですね。

そんな疑問は、この本を読んだあとには解決しているはずです。

関連する章
▶ 第2章 日本人とご飯 (P33〜)
▶ 第5章 ご飯の栄養と食育 (P81〜)
▶ 第6章 米の品種と表現方法 (P97〜)

Recipe

タイの定番料理 ガパオ

材料(2人分)
ご飯…適量
鶏肉…250g
ピーマン(緑、赤)…1/2ずつ
玉ネギ…1/4ずつ
バジル(葉・茎)…適量
ニンニク…一片
卵…2個
【調味料】
オイスターソース…小さじ2
ナンプラー…小さじ3
醤油…小さじ2
砂糖…小さじ2

作り方
1 鶏肉、ピーマン、玉ネギは食べやすい大きさに切っておく。
2 フライパンに油をひき、みじん切りにしたニンニクと鶏肉を炒め合わせる。ピーマン、玉ネギ、ちぎったバジルの茎も加え、調味料で味つけする。
3 お皿に盛り付け、目玉焼きを作ってのせ、バジルの葉をかざる。

はじめに

「お米ひと粒にも、魂が宿っている」
　——こうした考え方は、米をつくる農家への感謝の気持ちや、食べものを粗末にしないという、日本人の奥ゆかしい考え方の基本にあるものです。
　私たちの祖先は、お米という食料を中心に社会、文化、経済を発展させてきました。お米がなかったら、今の暮らしはなかったといっても過言ではありません。
　本書は、こうした日本人の生活を支え、からだをつくり、季節の行事や祭事を彩ってきたお米やご飯について、知識と理解を深めるために作成しました。
　「ごはん検定－めしけん－」は、ごはん検定実行委員会が主催する検定です。検定の対象者は、お米やご飯に興味のある方すべての方。検定に合格する知識を身につけると、お米の銘柄やそれぞれの味わい、栄養、安全性などが理解できるとともに、日本の食文化の基本が学べ、お米を使った料理のバリエーションを増やすこともできます。
　お米やご飯について学ぶことで、みなさんの日々の食生活がもっと豊かに、広がりのあるものになることを祈っています。

本書の使い方

本書は「ごはん検定—めしけん—」の公式テキストです。検定に合格するための学習に用いるのはもちろんのこと、お米やご飯の基礎を学び、生活にいかすヒントが詰まっています。

＼ 各章の始めには、その章で学ぶ内容を紹介しています。／

第1章は、お米の基本の炊き方から、ご飯と一緒に食べたいおかずやご飯を楽しむ料理のレシピを紹介しました。まずは、実際にお米を炊いてみて、その味わいの深さやおかずとの相性を、実感してみることからスタートすることをおすすめします。

第2章では、古代に日本に伝わった稲作の歴史や、日本人とご飯の関係の変化について、時代を追って紹介しています。

第3〜4章は、私たちの生活とお米の関わりをおにぎりや郷土料理といった、おなじみのアイテムをひも解きます。

第5〜7章は、お米の栄養や品種、表現方法、生産と流通の方法など、お米を学ぶ上で土台となる知識を掲載しています。

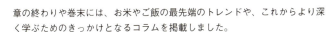

章の終わりや巻末には、お米やご飯の最先端のトレンドや、これからより深く学ぶためのきっかけとなるコラムを掲載しました。

また、検定試験におけるAランク（初級）と特Aランク（中上級）、それぞれの模擬問題も用意しました。本書をひととおり読み終わったら、ぜひ腕試しに取り組んでみてください。

公式テキスト
contents

ご飯のある風景1　炊きたてご飯……2
ご飯のある風景2　おにぎり……4
ご飯のある風景3　郷土料理……6
ご飯のある風景4　アジアンご飯……8

はじめに……10
本書の使い方……11

第1章　基本の炊き方／ご飯のおとも／ご飯を楽しむ

基本の炊き方……18
さまざまなお米と炊き方の工夫……22
ご飯のおとも……24
ご飯を楽しむ……28

● GOHANコラム1
　世界で流行の食スタイル、ベストな健康食とは？……32

第2章　日本人とご飯

米は、世界三大穀物のひとつ……34
東南アジア、東アジアで浸透した米文化……35
稲作の黎明期　古代［弥生・縄文時代］……36
　稲作が日本に伝わったのはいつ？
　社会的分業とクニを生んだ米

米が文化と経済の中心に　古代から中世へ……38
　稲作が国家を支えるシステムに
　村々にまで広がる稲作技術と農耕儀礼

米が通貨と同じ価値に　中世から江戸へ……40
　近世石高制の基礎を築いた太閤検地
　貨幣と同じ価値を持つ米

開国で食生活が大転換　江戸から近代へ……42
　白米を常食する都市部と、飢饉にあえぐ農村
　明治維新後の食の欧風化と米

米をはじめ政府が食料を管理　第一次世界大戦から太平洋戦争へ……44
　米騒動が引きおこした大正デモクラシー
　世界でもまれな「食糧管理法」を制定

めまぐるしく変化を続ける米の政策　戦後から現代……46
　ヤミ市での食料確保とパン食普及の伏線
　米の国内自給体制が確立
　国民生活の変化で減反へ
　変化し続ける日本人と米

第3章 日本の地域のごちそうご飯（郷土料理）

ご飯が主役の全国の郷土料理……50
いかめし（北海道）、ハタハタ寿司（秋田県）……51
きりたんぽ・だまこ餅（秋田県）……52
はらこめし（宮城県）、深川丼（東京）……53
五平餅（長野県）……54
笹寿司（新潟県）、ます寿司（富山県）……55
手こね寿司（三重県）……56
菜めし（愛知県）、鮒寿司（滋賀県）、茶粥（奈良県）……57
めはり寿司・さんま寿司（和歌山県）……58
ばら寿司（岡山県）、箱寿司（大阪府）……59
鯛めし（愛媛県）……60
たこめし（広島県）、高菜めし（熊本県）……61
姿寿司・田舎寿司・こけら寿司（高知県）……62
冷や汁（宮崎県）、黄飯（大分県）……63
酒寿司（鹿児島県）、フーチバージューシー（沖縄県）……64

第4章 おにぎり ―日本人の「ソウルフード」―

おにぎりの歴史と進化……66
　日本が誇るソウルフード「おにぎり」とは／おにぎりの化石発見!?
　／最古のおにぎり文献／サムライとおにぎり／兵糧から弁当へ
　／駅弁も給食もはじまりはいつもおにぎり／戦後のおにぎり
おにぎり年表……70
永遠のライバル!?「おにぎり」と「おむすび」……72
　「おにぎり」と「おむすび」結局は同じもの／「男おにぎり」と「女おむすび」
　九州男児はにぎりめし!?／1978年「三角おにぎり」天下統一
4大おにぎり型とご当地おにぎり……74
おにぎりは、なぜ旨いのか……76
　日本だから生まれた料理「おにぎり」／母さんがにぎったおにぎりは、なぜおいしいのか
　いい塩梅って、どんな塩梅？／おにぎりの恋人「梅干し」との出会い
　元祖オイルおにぎり「ツナマヨネーズ」
　「おにぎらず」「スティックおにぎり」…おにぎりの未来
　おにぎりでダイエット!?／海外から見る「onigiri」

● GOHANコラム2
　日本全国ご当地おにぎり……80

第5章 ご飯の栄養と食育

- 米の分類……82
  - 精白米／七分づき米／半づき米／玄米／発芽玄米／胚芽米
- 米の栄養成分……84
  - 精米によって変わる栄養価
- 注目される全粒穀物の効果……86
  - 体内を通り抜けるだけで作用する「食物繊維」
  - 発芽のために備えられた豊富なビタミンやミネラルと酵素
- 栄養価の高い米……88
  - おいしさと健康増進を両立する米
  - 「金芽米」「金芽ロウカット玄米」／「発芽米」／「芽吹き米」
  - 「低たんぱく米」／「超硬質米」／「巨大胚芽米カミアカリ」

- 米の食育……91
  - しっかりかむことで、安全とおいしさを確認する
  - よくかんで食べると、米は甘くなる！
  - 米＝炭水化物は健康的なカラダの敵なのか？
  - ご飯＋おかずの公式が、活力のカギ！
  - 米を中心とした食卓が子どもの味覚をつくる

- ●GOHANコラム3
  - 米の安全性　豊かな食生活はリスク分散になる……96

第6章 米の品種と表現方法

- 世界における日本のお米……98
- 日本にはどれだけの品種があるのか①……99
- 日本にはどれだけの品種があるのか②……100
- 生産量の多いお米……101
- どの地域にどのようなお米があるのか……102
- お米の系列をたどる……103
- 近年開発されてきた新顔のお米……104
- お米の味とは何を指すのか①……105
- お米の味とは何を指すのか②……106
- お米の味とは何を指すのか③……107
- 味がよいとされるお米の特徴……108
- お米の味を系統別で見てみる……109
- 日本穀物検定協会実施の食味ランキングとは……110
- おかずとご飯の相性……111
- めしのともとご飯の相性……112

第7章 米の生産と流通

- 米ができるまで①……*114*
- 米ができるまで②……*115*
- 米ができるまで③……*116*
- 特徴的な栽培、ひと手間な栽培①……*117*
- 特徴的な栽培、ひと手間な栽培②……*118*
- 稲作にかかる経費と売値……*119*
- 米が食卓に届くまで①……*120*
- 米が食卓に届くまで②……*121*
- 米屋の仕事①……*122*
- 米屋の仕事②……*123*
- お米を買ったら……*124*
- 米の流通の課題……*125*
- 米の表示ルール……*126*
- ブレンド米のこれから……*127*
- 米の安全……*128*

もっと知りたい！
おかわりコラム

- 外国生まれの米を栽培する日本の生産者たち……*129*
- なぜ米の品種改良をするの？……*130*
- 日本でいち早く新米が味わえる地域と遅い地域……*131*
- おにぎりの相方のこと、もっと知りたい！
- 「のり」のおかわりトリビア……*132*
- 世界に誇る「米の酒」日本酒……*133*

「ごはん検定 ―めしけんー」試験実施概要……*134*
- Ａランク（初級）模擬問題……*135*
- Ａランク（初級）解答と解説……*140*
- 特Ａランク（中上級）模擬問題……*145*
- 特Ａランク（中上級）解答と解説……*152*

参考文献・協力一覧……*157*
さくいん……*158*

MESHIKEN

● 撮影協力店（ご飯のある風景、第1章）

米料亭　八代目儀兵衛　銀座店

京都の米屋に生まれ、全国各地200種類以上の米を食べ比べ、米の目利きの腕を磨いてきた兄・橋本隆志と、料理人として日本文化の素晴らしさと味覚の根幹を学んだ弟・晃治。兄弟のタッグによって実現した「究極の銀シャリ」が味わえる店。米を五感で味わうことのできる米文化の「情報発信地」として、日夜、米探しとメニュー開発を重ねている。

営業時間：昼の部　11:00 〜 14:30
　　　　　夜の部　18:00 〜 21:00（最終入店）
定休日：水曜
住所：東京都中央区銀座5-4-15 エフローレ銀座1階
電話：03-6280-6383
http://www.okomeya-ryotei.net/

第1章

基本の炊き方
ご飯のおとも
ご飯を楽しむ

まずは、ご飯の味わいを楽しむことからはじめましょう。基本の炊き方から、サッとできるご飯のおとも、ご飯を楽しむレシピまで、お米のプロフェッショナルに教えてもらいました。ぜひ、実際に作ってみて、ご飯の味わいを確かめてみて下さい。

基本の炊き方

炊きたてのご飯の香りはそれだけで「ごちそう」です。
上手に炊けたご飯は、そのまま食べてもおいしいですし、
どんなおかずとも相性ばっちり。
ここでは、基本の炊き方を紹介します。

炊飯器を使って
おいしくご飯を炊く

品種や銘柄、季節によって、ご飯の炊き方はいろいろです。また、ご飯を炊くための道具も、土鍋、無水鍋、鉄鍋、圧力鍋などさまざま。まずは、一般家庭でもっともオーソドックスな炊飯器を使ったおいしいご飯の炊き方をマスターしましょう。

＊写真は2合＝300gです。

1
米を計量する

米は1合で約150g（米の乾燥具合により多少の増減があります）。スケールなどを使ってきっちりと量る。

2
炊飯器にいれる

量った米を炊飯器の内釜にいれる（内釜洗米に対応していない機種もあるので、その場合はボウルなどに入れる）。

3
洗米

水を注ぐ。米が一番はじめに触れる水となるため、吸収しやすいので、硬度30度程度の水が望ましい。水の量は米がかぶるくらいであれば、どのくらいでもよい。水を入れたら、さっとかき混ぜて1秒以内に水を捨て、糠をとりのぞく。

● 基本の炊き方

4
揉み

水を捨てたら、米を揉むように洗う。米同士をすり合わせるようソフトに「にぎって放す」を、40秒～1分くらい繰り返す。力いっぱいゴシゴシこすると、旨みが流れてしまうのでNG。

5
水の入れ替え

揉みが終わったあとは、水を注ぎ（どんな水でもよい）、ザルを使って流す作業を3～4回繰り返す。水が透明になるまで流す必要はない。また、金ザルは米が割れてしまうので避ける。

6
浸水

ザルにあげて完全に水を切って炊飯器の内釜に戻し、炊飯器の目盛りどおりに浸水用の水を入れる。浸水用の水は、洗米と同様に硬度30度程度が望ましい。浸水時間は夏は約30分、冬は約1時間を目安とする。室温が高いときには、冷蔵庫に入れるのがよい。

7
炊飯スタート

炊飯器のスイッチを入れる。夏場など室温が高く、水温が上がってしまった場合は、スイッチを入れる前に氷（2合に対して氷3つが目安）を入れると、炊きあがりの米の甘みが増す。氷を入れた分だけ、水を減らすのを忘れずに。

8
シャリ切りする

炊きあがったらすぐに、十文字にしゃもじを入れる。時間をおくと、ふっくらと炊けたご飯がヘタってしまうので、できるだけ素早く行う。

9
シャリ切りした飯を返す

十文字に切ったご飯を1／4ずつ返していく。全体に空気を入れて、水分や熱を均等にするイメージ。形を整えてふたを閉めておく。

さまざまなお米と炊き方の工夫

ひと口に「ご飯」といっても、白米や玄米、黒米、赤米など、たくさんの種類があります。また、炊き込みご飯や混ぜご飯など、食べ方もさまざま。ここでは、そんなバリエーション豊かなご飯に注目します。

● まずは、米の種類を覚えましょう (P82～)

精白米

多くの家庭で主役となるご飯は、「精白米（せいはくまい）」といいます。色が真っ白でつやつやとしているため、仏様の遺骨のように尊いものとして「銀シャリ」という呼ばれ方もします。

玄米

精米（玄米からぬかや胚芽（はいが）をとりのぞくこと）する前の米のことを「玄米（げんまい）」といいます。精米する度合いによって、「七分づき米」や「半づき米」などと呼ばれることもあります。

発芽玄米

玄米を水につけて、わずかに発芽させたものを「発芽玄米（はつがげんまい）」といいます。発芽することによって栄養素が増し、神経を鎮める作用や血圧を低下させる作用があるとして注目が高まっています。

古代米（黒米、赤米など）

最初に日本に伝わってきたと考えられているお米が「古代米」。中国原産の「黒米」は、2000年以上の歴史があるといわれ、楊貴妃（ようきひ）も美容食として愛用していたという説も。「赤米」は、紀元前に日本に伝わり、邪馬台国（やまたいこく）や大和朝廷へ献上されていたと考えられています。現在は、雑穀米のなかに入れて食べることが多いお米です。

雑穀米

お米にアワ、ヒエ、キビ、ハトムギ、オムギなどの雑穀を合わせたものを「雑穀米（ざっこくまい）」といいます。精白米と比べて食物繊維などの栄養価が高くなります。お米と混ぜる穀物によって、色や味わい、香りなどを好きなようにアレンジすることができます。

● 玄米・雑穀米をおいしく炊く

白米とはまったく違う食感や独特の香りがある、玄米や雑穀米は、かむほどにおいしさが広がるのが魅力です。

ひと昔前は、玄米や雑穀米は「ぼそぼそしていて食べにくい」「長時間、水に浸さなくてならないので面倒」などといわれていましたが、おいしいお米を求めて品種改良が進み、炊き方の研究もされてきました。

これによって食べやすく、調理しやすい玄米や雑穀米が数多く出回るようになりました。また、「玄米モード」「雑穀モード」の機能がついた炊飯器も少なくありません。それだけ、日本人のご飯に対する思いが強い証拠かもしれません。

玄米・雑穀米の炊き方には、いろいろなやり方がありますが、ここではその一例を紹介します。

1 軽量、洗米は白米と同じ （P19〜）

2 浸水

圧力釜で炊く場合は、浸水しなくても柔らかく炊けますが、炊飯器の場合は長めに浸水させるのがおすすめです。米の種類にもよりますが、玄米はできれば6〜8時間浸水させます。

3 炊飯

炊飯器に「玄米・雑穀モード」があれば、それで炊きます。ない場合は、炊飯器の目盛りよりもちょっと多めに水を入れて炊いてください。炊きあがりが硬いと感じたら、次回からはもっと水を足してみましょう。

◉ ご飯のおとも　　ご飯がおいしく炊けたらこんな「おとも」が欲しくなりますね。
　　　　　　　　サッとできるご飯のおともを紹介します。

焼きのり

　パリッとした焼きのりがあれば、それだけでご飯が進みます。ちょっと面倒でも、買ってきたのりをガスコンロでさっとあぶってから使ったほうが、風味も味わいも断然、よくなります。
　あぶった焼きのりを手でもんで、もみのりにしてもいいですし、味つけのりもさまざま味わいがありますので、楽しめます。

卵かけご飯

　炊きたてのご飯にちょこんとのった黄金色の卵――。卵かけご飯はみんな大好き、最強クラスのご飯のおともでしょう。
　炊きたてのご飯にくぼみをつけて、そこに卵を割り入れてから、醤油を回しかけます。卵と醤油を別の小鉢で混ぜ合わせてからかけてもいいのですが、こちらのほうが卵の風味がきわ立ちます。

昆布

　出汁をとったあとの昆布。捨てるのはもったいないなあ、と思ったら、好きなサイズにカットして醤油、日本酒、みりんで炒め、昆布の佃煮に。おかかを混ぜたら、それだけでご飯が何杯でも食べられそうです。
　写真は、1.3mmの細さにこだわってカットした塩ふき昆布。幅、厚み、柔らかさのバランスが、最上級の味わいをつくり出します。

ちりめん山椒

　香り高い山椒(さんしょう)とちりめんじゃこをミックスした「ちりめん山椒」は、京都のおみやげの定番。かむとツンと甘辛い山椒の実の佃煮がアクセントとなって、くせになるご飯のおともです。
　家庭で作る場合は、ちりめんじゃこを臭(くさ)みがなくなるまで、よく空炒(からい)りするのがポイントです。

◉ ご飯のおとも

蓮根とセロリのキンピラ

材料（2人分）
濃口醤油…大さじ3
酒…大さじ2
砂糖…大さじ1
ゴマ油…大さじ1
レンコン…約350g
セロリ…約50g
インゲン…適量
コショウ…少々
煎りゴマ…適量

作り方
1 レンコンは皮をむいて5ミリの厚さの輪切りにし、更に半分の大きさに切り、水にさらしアクを抜いておく。セロリは筋をとり除き、3センチの長さの棒状に切る。インゲンは塩ゆでして3センチの長さに切っておく。
2 鍋にゴマ油を入れて、レンコンとセロリを炒める。油が素材にいきわたったら、調味料を入れ、混ぜながら煮詰めていく。
3 煮汁が1/4くらいになったら、インゲンとコショウを加え、仕上げに煎りゴマをふる。

マグロの漬けの薬味和え

材料（2人分）
まぐろ（市販の上身）…1さく
濃口醤油…2カップ
みりん…1カップ
長イモ…1/3本
ミョウガ…4個
白ネギ…1/2本
ワサビ…お好みで

作り方
1 マグロにふきんをかぶせて熱湯をかけまわす。すぐに氷水につけて水気をふきとる。
2 1のマグロを調味料に漬け込み、ペーパータオルをかぶせる。漬け込みは、約40分。
3 長イモはすりおろし、ミョウガは千切り、白ネギは白髪にして水にさらす。
4 マグロの漬けを食べやすい大きさに切り、その上にナガイモのすりおろしをのせ、天に3の薬味を散らす。

大根の葉とじゃこのサッと炒め

材料（2人分）
ダイコンの葉…2本分
じゃこ…50g
ゴマ油…適量
塩…適量
濃口醤油…適量

作り方
1 ダイコンの葉を粗めのみじん切りにしておく。
2 熱したフライパンにゴマ油を入れ、ダイコンの葉を入れて中火で炒める。
3 ダイコンの葉がしんなりとしたら、じゃこを入れ、塩で味を調整し、仕上げに鍋肌に濃口醤油を垂らし香りづけする。

麻婆肉
（まーぼーにく）

材料（2人分）
鶏ひき肉…200g
白ネギ…1/2本
キクラゲ…15g
ゴマ油…少々

【調味料】
砂糖…大さじ2
鶏がらスープの素…小さじ3
リンゴ酢…大さじ2
醤油…大さじ5
豆板醤…お好みで
片栗粉…少々
水…1カップ

作り方
1 水でもどしたキクラゲと白ネギは刻み、調味料と水を合わせておく。
2 熱したフライパンにゴマ油をひき、鶏ひき肉を炒める。軽く火が通ったら、刻んだキクラゲと白ネギを加え更に炒める。
3 ある程度、炒まったら合わせ調味料を入れ、ときどきかき混ぜながら煮詰める。
4 仕上げに水溶き片栗粉を加え、とろみをつけて完成。

◉ ご飯を楽しむ

おにぎり、寿司、どんぶり、炊きこみご飯にケチャップご飯。
ご飯のレシピはとっても多彩です。ご飯を楽しむレシピを紹介します。

山菜玄米ごはん

材料（4人分）
玄米…2合
山菜　市販の山菜
　…1/2カップ
【山菜の地】
　出汁…550cc
　酒…50cc
　みりん…50cc
　薄口醤油…50cc

【山菜ご飯の合わせ出汁】
　水…350cc
　酒…35cc
　薄口醤油…35cc

作り方

1. 市販の山菜は、一度洗い、お湯にサッと入れザルにあける。鍋に入れて、山菜の地を合わせ、ひと煮立ちさせる。鍋ごと氷水につけて冷ましておく。
2. 山菜ご飯の合わせ出汁を混ぜ合わせ、浸水が終わった玄米と一緒に炊飯器で炊く。炊きあがりの5分前に一度、釜を開けて素早く水分を切った1を入れる。
3. 炊きあがったら軽くかき混ぜる。

ジャガイモとチキンライスのミルフィーユ

材料（4人分）
米…2合
鶏肉…100g
サラダ油…適量
ケチャップ…適量
ジャガイモ…1個
バター…10g
塩、黒コショウ…適量
ピザ用チーズ…お好みで
ディル…お好みで

作り方

1. フライパンを温めサラダ油をひき、鶏肉を炒める。火が通ったら炊いたご飯とケチャップを入れて、チキンライスをつくる。
2. 1のチキンライスをラップではさみ、めん棒で平らに伸ばし生地をつくる。フライパンで両面を香ばしく焼く。これを2枚つくる。
3. ジャガイモは皮をむき、輪切りにしてから塩を軽くふって、約10分間蒸す。食感を残すくらいに潰し、バター、塩、黒コショウで味を調える。
4. 3を2の生地ではさみ、上にピザ用のチーズをのせて、オーブンでこげ目がつくまで焼く。あればディルを飾る。

菜の花満開丼

材料（4人分）
米…2合　　　　　　菜の花…1束
卵黄…2個　　　　　ゴマ油…適量
【鶏そぼろ】　　　　塩…少々
　鶏ひき肉…100g
　酒…25cc
　濃口醤油…大さじ1
　薄口醤油…小さじ1
　砂糖…20g

作り方
1　卵黄を炒り卵にしてから、裏ごしをして香煎玉子（こうせん）をつくる。菜の花は、ゴマ油で炒めて、塩で味つけしておく。
2　鶏ひき肉を炒め、ほろほろになったら調味料をまわしかける。ひき続き水分がなくなるまで炒める。
3　丼にご飯を盛り、2の鶏そぼろ、菜の花を飾り付ける。仕上げに香煎玉子をかける。

白子とほうれん草のゆず釜ドリア

材料（4人分）
米…2合　　　　　　　ホワイトソース（市販）
【合わせ出汁】　　　　…1缶
　水…1と1/2カップ　　とろけるチーズ、パン粉
　酒…大さじ2　　　　…適量
　薄口醤油…大さじ2　ユズ…4個
　　　　　　　　　　　塩コショウ、小麦粉、
　　　　　　　　　　　サラダ油…適量
　　　　　　　　　　　ホウレンソウ…一束

作り方
1　合わせ出汁でご飯を炊いておく。
2　白子は軽く塩・コショウをしてから小麦粉をつけて、油をひいたフライパンで焼く。ホウレンソウは湯がいてザク切りにしておく。ユズは上下を3：7に切って、下側をくり抜いてユズ釜を作る。
3　ユズ釜にご飯、白子、ホウレンソウ、ホワイトソース、とろけるチーズ、パン粉をのせ、200度に熱したオーブンで15分間焼く。

● ご飯を楽しむ

稲荷お結び

材料（4人分）
米…2合
【合わせ出汁】
　水…1と1/2カップ
　酒…大さじ2
　薄口醤油…大さじ2
　油揚げ…6枚
　米のとぎ汁…適量
【油揚げの煮汁】
　水…2カップ
　みりん…大さじ3
　醤油…大さじ2
　薄口醤油…1と1/3
　黒砂糖…30g
　好きなトッピング用の具材

作り方
1. 油揚げは米のとぎ汁で5分ほどゆで、油抜きをしてから水に落としこむように洗い、水気を切っておく。
2. 鍋に煮汁の材料と1の油揚げを入れて中火にかけ、落としぶたをして汁気が少し残るくらいに煮ふくめる。火を止めたらそのまま煮汁に浸したまま冷ます。
3. 米を合わせ出汁で炊く。炊きあがったら、小さなおむすびにしておく。
4. 2の汁気を切り、半分に切って袋を裏返しにして開く。3のおむすびを入れて、好きな具材をトッピングする。

エンドウ豆ご飯

材料（4人分）
米…2合
【合わせ出汁】
　エンドウ豆のゆがき汁
　　…330cc
　酒…大さじ2
　塩…小さじ1
ユリ根…1個
エンドウ豆（むいた状態で）
　…200g
昆布…5センチ角1つ
塩、重曹…1g

作り方
1. ユリ根は食感を残して、さっとゆがく。エンドウ豆はさやから出し、塩水につけておく。
2. 鍋に水、昆布、エンドウ豆のさやを入れて火にかける。沸いたら昆布を出して、5分程度アクをとりながら煮出し、布で煮汁をこしておく。
3. 湯、塩、重曹を入れた金属製のボウルにエンドウ豆を入れて、アルミホイルでふたをして8〜10分蒸して水にさらし、さらに塩水につけておく。
4. 合わせ出汁でご飯を炊き、蒸らす前に3のエンドウ豆とユリ根を入れて軽く混ぜる。

和風親子オムライス風チャーハン

材料（4人分）
米…2合
紅ザケ…2切れ
イクラの醤油漬け…適量
卵…8個
生クリーム…少々
ネギ…1/2本
サラダ油、ゴマ油、塩、コショウ、和風だしの素、濃口醤油…適量

作り方
1 ネギはみじん切りに、紅ザケは焼いてほぐしておく。卵は割って生クリームと合わせる。
2 温めたフライパンにゴマ油を敷き、ネギと炊いたご飯を加えてパラパラになるまで炒める。
3 1の紅ザケを加え、塩、コショウ、和風だしの素で味をととのえる。仕上げに濃口醤油を鍋肌から垂らして風味をつけ、皿に盛る。
4 温めたフライパンにサラダ油をひき、卵を入れて、大きくかき混ぜながら半熟のオムレツをつくる。3の上にのせて、イクラを飾る。

山かけ粥 醤油あんかけ

材料（4人分）
米…1合
水…1.2リットル
塩…適量
山イモ…適量
ワサビ…少々

【醤油あん】
出汁…400cc
濃口醤油…100cc
葛粉…適量

作り方
1 浸水させて水を切った米と水1.2リットルを鍋に入れ、フタをして強火にかける。
2 沸いてきたら、ふきこぼれない程度の火加減にして約10分炊く。次に、ごく弱火にして約30分炊く。粥ができたら、塩で味を調整する（薄めの味付けに）。
3 醤油あんを作る。
4 粥を器に盛り、すりおろした山イモと醤油あんをかけて、ワサビを添える。

第1章　基本の炊き方／ご飯のおとも／ご飯を楽しむ

GOHANコラム 1

世界で流行の食スタイル、ベストな健康食とは？

オリーブオイルとトマト、新鮮な魚介類にワインといえば地中海食。イタリアやギリシャなど地中海沿岸の食事法が、脂質異常症や糖尿病の発症リスクを下げることなどが報告されています。おいしさとヘルシーを兼ね備えたイタリアンは、幅広い世代に人気です。

また、最近流行しているのが、主食をはじめ糖質を極力摂らない「糖質制限食」。糖質制限食の中でも、肉類を十分にとるタイプや肉類は摂らずに野菜やナッツのみの食事をする「ナチュラルハイジーン」など、世界中で健康に良いとされる食事はさまざまです。

そして、世界無形文化遺産に登録された「和食」も、世界的にはヘルシーなイメージで人気です。しかしながら私たち日本人の食事は、寿命が世界1位であるにもかかわらず、「和食」が健康的だという科学的根拠を示す報告はまだまだ十分ではありません。むしろ、塩分摂取が諸外国よりも多く、高血圧症などの発症リスクが高いというネガティヴな報告があるくらいです。

2016年1月に、『U.S. News & World Report』が10大ニュースのなかで、Healthy Food（健康食）のランキングを発表しました。

1位はDASH Diet*、2位がMind Diet（地中海食＋Dash Diet）と続くのですが「和食」は残念ながら入りませんでした。

米などの主食が1品、肉か魚または卵・大豆製品がメインの主菜が1品、旬の野菜や豆を使った副菜は汁物を含み2品といった献立構成の「和食」。これからは健康的なイメージのみでなく、お米を中心とした食品構成や食材の摂取量と栄養素のバランス、日本的な調理法など、多角的に和食のエビデンス（科学的根拠）として、世界に広まることを期待したいです。

（＊）DASH食
NIH（米国健康・栄養研究所）が提唱しているもともとは高血圧症改善に開発された食事法。食塩制限、カリウム、食物繊維、たんぱく質を配慮したメニューで、食品ではフルーツや野菜、全粒粉、低脂肪乳などからバランスよく食べる食事法。

生の魚介を使ったカルパッチョは
地中海食の代表料理

第2章

日本人とご飯

今日のご飯は何にする？　——などの言葉が自然に感じるように、私たち日本人は無意識でも「ご飯」＝「食事」と捉える食文化を持っています。この章では、日本人の食生活に密接なかかわりを持っているご飯（米）と日本の歴史について紹介します。

米は、世界三大穀物のひとつ

　米は稲の果実で、小麦・トウモロコシと並んで、「世界三大穀物」のひとつとされています。これらの穀物はすべて稲科の1年草で、栽培植物として世界の歴史で重要な役割を果たしてきました。

　人類が植物を栽培するようになったのは、今から1万年以上も前といわれています。それまで、狩猟や採集、漁猟に頼って生活していた人々が、人口の増加や気候の変化によって食糧難となって、より確実に食料を確保するために始めたと考えられています。

　自ら作物を栽培することを「農耕」と呼びますが、この生産システムは、人間の歴史と社会を大きく変えるきっかけとなりました。人は集落を形成して定住をはじめ、栽培技術の向上をめざすととともに、農具や工芸品、調理器具などを制作し、文化が形成されるようになったのです。

　世界の農耕文化の起源地と伝播の道筋を見ると、農耕には川（水）の存在が不可欠だったことがわかります。作物の起源の地は、河川とともに開けた古代文明の起源地と重なりあっています。これらの植物は、文明発祥の地から周辺地域へと緩やかに伝播し、その土地にあわせて変化し、根付いていったと考えられています。

　特に世界三大穀物は、生産性や保存性、栄養価が優れていたため、その農耕の発祥地で、高度な文明を築きました。

　小麦栽培は、メソポタミア（現在のイラクの一部）で始まり、西はエジプトを経由しヨーロッパへ、東はアジアへ伝播しました。トウモロコシ栽培は、大航海時代のスペイン進出以前のメソアメリカの文化である、マヤ文化・アステカ文化を生み出しました。

　そして稲作は、いくつかの起源説がありますが、近年の遺伝子研究の成果によって現在は、長い間定説とされていた「インドの東端アッサム・中国南部の雲南地域」説から、「長江（揚子江）中流域」説が有力となっています。

　どちらにしても、高い繁殖力と保存性、栄養価に富み、さらに食味もよい穀類である米は、アジアの広範な地域で栽培されるようになったのです。

農耕文化の起源地と伝播ルート

東南アジア、東アジアで浸透した米文化

では、日本の食文化の中心にある米はどのように伝播してきたのでしょうか。

起源の地から、西はインドのガンジス川からベンガル地方へ、南はメコン川を下りインドシナ半島全域へ、東は長江（揚子江）を下り中国江南へ広がっていったと考えられています。特に東南アジア・東アジアでは、米文化が深く浸透し、それぞれの社会の基礎を形成しました。

しかし、ひと口にアジアの米といってもさまざま種類があり、栽培方法も異なります。というのも、稲は厳密には人工的につくりだされた植物で、祖先となる野生稲を育てていく過程で、選抜育種（望ましい遺伝的性質をもった種類の稲を選んで栽培し増やすこと）が繰り返されることによって生まれたものだからです。

アジアの稲の栽培種は、ジャポニカ米とインディカ米があります。ジャポニカ米は、温帯地域を主な生産地として、丸みを帯びた形状と強い粘り気が特徴。対して、インディカ米は、熱帯・亜熱帯を主な生産地とし、細長く、粘り気は弱いのが特色です。

私たち日本人が食べている米のほとんどはジャポニカ米です。これは寒さのストレスに強いためで、中国の中部や朝鮮半島南部、日本が主な産地となっています。しかし、大量の水を必要とするため、基本的には水田栽培にしか適応せず、世界の稲作のなかではマイナーな存在です。世界の中ではジャポニカ米とインディカ米の生産量を比べると、圧倒的にインディカ米を多く、全体に占める割合は約90％ともいわれています。

アジア地域で生まれた米は、ヨーロッパへも伝播しました。イタリアでは15世紀半ばに栽培された記録があります。イタリアは、ヨーロッパ最大の米の生産国であり、約60種の米を生産しています。その中心はやはりインディカ米ですが、近年の日本食（和食）ブームを反映して、ジャポニカ米の生産も進んでいます。

またアメリカでは、カルフォルニア州でジャポニカ米が生産されています。

アジア大陸における稲伝播の主経路

資料）渡部忠世：稲の大地、小学館、1993より作成

MESHIKEN まめ知識　「ジャポニカ米」はなぜ日本（ジャパン）の名前がついているかというと、日本人の学者による命名だったからです。

日本人の食生活史とご飯

稲作の黎明期
古代［弥生・縄文時代］

稲作が日本に伝わったのはいつ？

中国の長江（揚子江）を下って、中国江南地域や朝鮮半島へ伝わった米は、東シナ海を渡り、対馬海流にのって日本列島に伝わったと考えられています。四方を海に囲まれた日本には、南方から島伝いに伝来した米もあれば、朝鮮半島を経て伝わった米もあるとされています。

その時期については、いくつかの説があります。

日本列島に人が住み始めたのは、約7～8万年から10万年前の旧石器時代といわれていますが、旧石器時代は氷河期なことから、狩猟や漁猟を中心に採取活動によって食料を確保していたと考えられています。

その後、ほぼ1万年以上前、つまり縄文時代頃から氷河期が終わり、地球が暖かくなると植物の生育活動が活発になってきました。世界的に見ても、この時期に栽培＝農耕や牧畜などの技術が広がり、能動的に植物や動物を育て、それらを食べるという人間活動の営みがはじまりました。先の項で学んだように、世界で本格的に稲作が始まったのもこの頃です。

では、日本において縄文時代（約1万5000年前～紀元前3世紀ごろ）に、すでに稲作は伝わっていたのでしょうか。

かつては縄文時代に農耕文化はなく、弥生時代に入って稲作が始まり、日本は農耕社会段階に入ったというのが一般的な学説でした。しかし、考古学の飛躍的な発展や、稲に含まれる珪酸体の化石の残存から稲の存在を確定する、「プラントオパール」と呼ばれる花粉分析法が発達したことから、日本の縄文時代にすでに稲作があったのではないか、とする学説も登場しました。

さらに、福岡市の板付遺跡や佐賀県唐津市の菜畑遺跡から縄文晩期の水田址が見つかったり、熊本県本渡市の大矢遺跡から縄文中期の稲の圧痕のある土器が出土したりと、縄文

古代の稲の栽培は、水田だけでなく焼畑などでも行われていました。

> 縄文時代から弥生時代にかけて、人々の暮らしは、
> 狩猟から農耕生活に変わりました。
> この大きな変化をもたらしたものが稲作でした。

第2章 日本人とご飯

時代の稲作の可能性を占める遺構も続々と発見されています。

この為、水田稲作の技術が日本に伝わった時期については、まだ研究途中といえます。

社会的分業とクニを生んだ米

稲作の技術が日本に伝わると、圧倒的な早さで生活の仕組みが変化しました。水田稲作による米の確保という、より確実で豊かな食料生産活動によって、社会を変革するさまざまな動きが出はじめたのです。こうした変化が起こったのが弥生時代（紀元前3世紀ごろ～3世紀）です。

そのもっとも大きな例が、社会的な分業と「クニ」、つまり国家の成立です。

連作が可能で、貯蔵力、栄養価、食味に優れた米を、計画的に生産するためには、春の田起こしや田植え、雑草とり、水量の調節、刈り入れなど、さまざまな重労働が必要となります。初期の稲作では、開墾された水田はそれほど大きくないと考えられていますが、それでも、集団的な労働力が集中的に必要となります。

こうしたことから、水田の周囲にできた集落ごとに、米を生産する人、石器や鉄器・青銅器を生産する人、それらを流通させる人などの社会的分業が生まれました。

そして、こうした「社会的剰余」の成立は、その配分をめぐって集落内に資源の余りを生み、それを分ける人を誕生させました。こうした指導者や、豊穣を自然に祈る祭祀者のなかから、首長層が生まれ、政治という社会的・階級的な分業が成立。ひいては地域のまとまりのなかで、生産と流通をめぐる軍事力を備えたクニ＝国家という組織が形成されていったわけです。これが稲作がもたらした、もっとも大きな変化です。

日本に関する最初の中国文献である、『漢書』地理志には、紀元前後ごろの日本には100余りの小さなクニが成立していたと書かれています。このほか、『後漢書』倭伝や『魏志』倭人伝などの文献によると、少なくとも3世紀には、官僚機構・法制度・租税体系・軍隊をもった初期国家が、日本列島に成立していたと考えられます。

このように弥生時代は、短期間で人間の生活様式を一変させ、新たな時代へのターニングポイントとなりました。そして、その原動力はすべて食料の確保が根底にあった――つまり米がそのきっかけとなったのです。

Time Line

● 紀元前1万5000年前頃

縄文時代スタート
◦ 石器使用、採取活動を中心とした生活様式

● 紀元前3世紀ごろ

弥生時代スタート
◦ 農耕文化の開始

初期の農耕は、優勢種を保護する方法がとられました。大粒のクリがなる木があると、そのまわりの木を切り大きくする手法です。稲作にも同じ手法がとられたと考えられています。

37

日本人の食生活史とご飯

米が文化と経済の中心に
古代から中世へ

稲作が国家を支える
システムに

　古墳時代（3世紀〜7世紀末）は、弥生時代に発生したクニが、統一国家としてまとまっていった時代です。この時期、水田稲作を積極的に展開させることで、社会の生産性が高まるとともに、各地にさまざまな地域的な政権が生まれ、これらの政治的連合が進みました。

　その結果、畿内（現在の大阪、奈良、京都の一部）にあったヤマト政権が、大王家を中心として全国的支配を実現しました。

　645年に起こった「大化の改新」は、大王（のちの天皇）を中心とした国家体制をつくるうえで、重要な出来事といえます。

　なによりも日本史上初めて、戸籍・計帳が作成され、班田収授（国家から農民に田が貸し出される制度。6歳以上の男女に与えられ、死後は返さなければならない）を実施し、その収穫から徴税が行われるなど、律令国家の礎ができあがりました。人々を一定の耕地にしばりつけ、労働力を確実に確保できる方法として、班田収授は最良の方法だったからです。

　これに続く飛鳥時代（592〜710年）には、さらに天武天皇によって中国の政治制度をとり入れた、律令国家のシステムの整備が進みました。この古代律令国家は、水田稲作を社会的生産の基盤に据え、国家そのものを支える生産活動として稲作を位置づけていました。地方の有力者である豪族層は、稲作の実態を把握し行政の先端を担うとともに、自らの所有する稲などを貸し付けて利息をとる「私出挙」を行って、米から重要な収入を得ていました。

　さらに、天武天皇は『古事記』『日本書紀』などの歴史書や、『風土記』などの地理書を変遷し、自らを「天皇」と名乗り、天皇の即位儀礼である大嘗祭や新嘗祭の制度化にも力をそそぎ、今日の儀礼の基礎を整えました。

　毎年、天皇は新嘗祭（11月23日）に、皇居内の水田で栽培した米とそれから造った酒を捧げています。大嘗祭は、新たな天皇が初めて行う新嘗祭のことで、国家最高の儀式として広く農耕を含む稲作祭祀を司るものとなっています。

　奈良時代（710〜794年）は、遣唐使がさまざまな中国文化をもたらした時代。天平文化が発展するとともに、安定した税収を確保するために、農地拡大政策とられました。

村々にまで広がる
稲作技術と農耕儀礼

　9世紀後半から11世紀中期には「摂関政治」という形で、もともとは天皇の補佐役だった高級貴族・藤原氏が実質的に勢力をふるうようになります。

　平安時代の（794〜1192年）このころの貴族の食事は、「大饗料理」と呼ばれ、食卓上に調味料が並べられ、調味しながら食べました。この頃に常食されていた飯は、米を蒸した強飯であり、保存食として作られた

第2章 日本人とご飯

古墳・飛鳥・奈良時代は、稲作が国家を支える生産活動として位置づけられた時代。
続く平安・鎌倉時代には、農民が厳しい米の収奪にあえぐ一方で、米を神に奉じる
農耕儀礼が全国に広がるなど、米の重要性がますます高まっていきました。

糒（飯を乾燥させたもので、携帯食として用いられ、水や唾液で復元して食べる）は、兵糧として発達しました。

一方、律令国家以来の班田収授のもと、租税と合わせて私出挙などによって、厳しい米の収奪にあえいでいた庶民は、貴族たちの主食は米であったのに対し、ヒエやアワなどの雑穀類を口にしていたと言われています。

鎌倉時代（1192～1333年）以降の中世は、武士が社会の中核に踊り出てくる時代で、古代の律令国家、あるいは近世の江戸幕府のような中央集権的な国家とは異なり、地方分権的な性格が強かったと考えられます。こうした中世においても、年貢としての米が、ほかの庸（労役）・調（絹や綿などの布）といった租税に対して次第に重みを増してくるという、社会的傾向が見られます。

鎌倉時代後期からは、農民たちがほとんどすべての農業生産過程に直接関わり、自ら管理するようになります。これに呼応して、米に関する祭祀も村々で行われるようになってきました。水田稲作を中心とした農耕儀礼に関わる神事は全国に広がり、祭礼では神饌（神に献上される食事。米、水、塩、酒など）と直会（神事のあとに供物を参加者が食べること）が催され、神に食物が捧げられたのちに村人と神々との間で、「神人共食」が行われていました。これらの農耕儀礼の最大の目的は、米の豊作を祈ることであり、神饌の品目の中では米がもっとも重要な位置を占めていました。

Time Line

- 3世紀
  古墳時代スタート
- 325年
  ・『日本書紀』に精米についての初の記述
- 538年
  ・仏教伝来。肉食を禁忌とし、対して米が聖なるものに
- 592年
  飛鳥時代スタート
  （古墳時代の一部とする考え方もある）
- 645年
  ・大化の改新。班田収授の基礎がつくられる
- 675年
  ・肉食禁止令
- 701年
  ・大宝律令交付。米が経済基盤として位置づけられる
- 710年
  奈良時代スタート
- 723年
  ・農地拡大政策のひとつとして「三世一身法」（新しく田を開墾した場合、三代にわたって土地を保有できる）が制定される
- 794年
  平安時代スタート
  ・貴族文化が花開き、強飯が常食される
- 927年
  ・「延喜式」（法律を施行するための細則）に「なれずし」（P57）の製法が記載される
- 1192年
  鎌倉時代スタート
  ・関東地方の治水と開発が進み、水田での二毛作や肥料の使用がはじまる
  ・「武士は朝夕2食、玄米を主食として、一汁一菜」が奨励される

 MESHIKEN まめ知識 　「日本」という国名は、天武天皇の治世にそれまでの「倭国」から改められました。中国を強く意識し、自立した国家であることを強調するねらいがあったといわれています。

日本人の食生活史とご飯

米が通貨と同じ価値に
中世から江戸へ

近世石高制の基礎を築いた太閤検地

　鎌倉、その後の室町時代（1338～1573年）からなる中世は、武士が支配を拡大。それに伴い、地方レベルでも年貢としての米の比重が高くなりました。

　こうした地方分権的な中世社会から中央集権的な近世社会へと転換するには、根本的な社会変革が必要でした。その最初の過程が、各地の大名を平定し、全国を統一すること。これは、織田信長や豊臣秀吉によって達成されました。信長、秀吉が政権をにぎった時代を、安土桃山時代（1568～1600年）といいます。

　特に豊臣秀吉は、徹底的な政治・経済対策を強力に推し進めたことで知られています。秀吉による統一政権は、その経済基盤を固めるために、全国規模での詳細な土地の測量である「太閤検地」を実施しました。これは、日本中すべての田畑を調査の対象とし、厳密に測量するという意味で日本初の試みでした。

　その方法は、水田や畑地、屋敷、山林などをひと区画ずつ面積と所有者を把握。その見積もり生産高をすべて米に換算して「検地帳」に記していきました。

　こうした検地の手法は、江戸時代（1603～1867年）にも引き継がれ、17世紀後半まで断続的に行われていきます。この検地こそが後の「石高制」の基礎をつくることにつながります。

　近世石高社会のもとでは、農民一人ひとりにも村々にも、それを所有する大名や旗本にも、米を量る単位である「石」を基準とした「石高」がつけられ、「○×石」の百姓、村、大名というように表現されました。例えば、「加賀百万石」とは、加賀藩の実質的な生産高ではなく、畑や屋敷、山林などを米に換算した場合の見積もり生産高を示しています。そして、これに一定の比率で年貢としての米が賦課されました。

　この時代、蒸し飯だった強飯は、水を加えて炊飯する「姫飯」に変わり、食事の回数もそれまでの1日2食制から3食制に移行したといわれています。また、この時代から江戸時代にかけて発達した「本膳料理」は、武家社会における本式の料理であり、一汁三菜など現在の日本料理の基礎を築きました。

貨幣と同じ価値を持つ米

　古代国家にはじまる日本人の米志向は、中世に社会に浸透し、近世の石高制によって体

中世にはすでに優れた稲作技術が確立していました。

第2章 日本人とご飯

地方分権だった鎌倉・室町時代から、織田信長と豊臣秀吉が全国を統一した安土桃山時代に移ると、日本全国田畑の測量を実施。これを元として、江戸時代に「石高制」が完成します。

制的に完成したといえます。

石高制のもと、すべて年貢は原則として米で納めることとなりました。いわば、「至上の通貨」とされたわけですが、実際には貨幣によって米が売買されることになりました。そこで幕府や藩は、年貢として徴収した米のうち、使用した残りを貨幣に変える必要性が出てきます。

幕府や藩は、米問屋が集まる大阪や江戸に蔵屋敷を設け、そこへ米を回すこと（＝市場に米を開放すること）で現金を手に入れました。このとき、米を貨幣に変えて取引してくれるのが米会所（米商組合の集合所）でした。

17世紀後半に、海の道である「西回り航路」、「東回り航路」が整備されましたが、これは幕府や藩が現金を得るために米を運ぶ必要があったから開かれた、と考えられます。

こうして全国から米が集まる大阪の堂島米会所（現在の大阪市北区堂島浜）は、日本最大の米の集散地として有名になりました。江戸でも、幕府の浅草御蔵が置かれた町人地の蔵前（同・東京都台東区蔵前）は、札差（旗本や御家人の給料だった米の受け渡しから換金までを請け負った商人）や米問屋などの大商人が軒を連ね、活気あふれる街並みが形成されました。

江戸時代の大名たちは、貨幣経済の波にのまれ、財政規模を拡大していきますが、米を年貢とするシステムは変わらなかったため、貨幣供給量や農業生産力に左右され、収支のバランスを崩す藩もありました。藩の財政が苦しくなると、年貢米を担保としてお金を借り、米商人に莫大な借金をつくる藩もあったほどです。

このように、江戸時代に米は貨幣と同様の価値をもつ商品だったことがわかります。これは、大阪・京都・江戸といった都市のみならず、地方都市でも同様でした。

Time Line

- 1338年
  室町時代スタート
  ○排水や肥料の技術が進み、田畑の二毛作が広がる
  ○武家の料理として、日本料理の基礎となる本膳料理が生まれる

- 1428年
  ○農民や下級武士による最初の土一揆（正長の土一揆）が起こる

- 1543年
  ○ポルトガル船が種子島に漂着。パンを伝える

- 1568年
  安土桃山時代スタート

- 1590年
  ○豊臣秀吉が全国を統一する
  ○この頃より、全国の太閤検地がはじまる

- 1603年
  江戸時代スタート

- 1649年
  ○「慶安の御触書」が出され、「早起きして草をかり、昼は田畑で、夜は縄を編むなどして良く働くこと」などと、農民の生活が法律で統制される

- 1697年
  ○農学者の宮崎安貞が、日本最古の体系的な農書といわれる『農業全書』を刊行する

江戸時代の書物によると、18世紀前半の日本全国の水田と畑の割合は、水田の方が畑に比べて1.25倍多かったそう。しかし、関東では逆に畑地のほうが多い傾向にありました。

日本人の食生活史とご飯

開国で食生活が大転換
江戸から近代へ

白米を常食する都市部と飢饉にあえぐ農村

　イエズス会の宣教師が17世紀半ばに執筆した『日本教会史』には、日本人と米についてこう書いてあります。

　「日本では国土の産出する米の3分の1以上が造酒に用いられると断言できる。そのことが民衆の日常の食糧として十分な米がない理由となっている。もし酒、酢、味噌その他米を消費するいろいろな物を米から造らないのならば、十分であろうに」

（イエズス会宣教師・ロドリゲス著『日本教会史』）

　租税として徴収される米に加えて、嗜好品である酒や調味料類の原材料に大量に米が使われるため、民衆の食料としての米が不足していたのです。このため、米は一般には行き渡らず、近世においても江戸時代前期には、下層の人々は米を食べられる状況にはありませんでした。

　とはいえ、江戸時代は徐々に水田開発が進んだ時代でもあり、19世紀に入って文化文政期になると、奉公人の混ぜ飯でも6～9割が米となるなど、広く米が行き渡るようになりました。大都市周辺の農村部などでは、野菜や木綿などの商品作物を作り、これを売った金で米を買い、年貢として支払うこともあったそうです。同時に17世紀末ごろから、都市部では白米の常食が進み、下半身にむくみやしびれが出る「脚気」が江戸の流行病となるなど、社会問題も起こりました。

　米の生産現場では米が食べられず、武士階級が暮らす都市部では精米した米があふれるという、ねじれた状況が生じていたわけです。そのねじれが端的に現れたのは飢饉です。

　江戸時代中後期は、質・量ともに農業生産力が向上しましたが、しばしば凶荒が起こり、人々は大飢饉を経験しました。特に稲作中心の農業構造にあった東北地方は、何度も厳しい飢饉状態に追い込まれ、多くの死者を出しています。

　江戸時代は、米の年貢に基礎をおく「石高制」という経済構造と幕藩体制という政治システムによって、農民をより悲惨な飢餓状態へ追い詰めていった時代ともいえます。

明治維新後の食の欧風化と米

　こうしたなかで、開国、明治維新が起こりました。

　明治期（1868～1912年）に入ると、西洋式食文化の広がりに拍車がかかり、民間レベルにも浸透していきました。これは宮中の生活様式が西洋風に改められたことによるもので、国民全体の欧風化を後押ししたといえます。

　街にはテーブルを置く料理店が出現し、外国人居留地を中心に、パン、ビール、肉料理、西洋野菜も見られるようになりました。また、牛鍋、あんパンなど、日本人の嗜好に合わせ

> 江戸時代は水田開発が進み、全国に広く米がゆき渡るようになった一方で、
> たび重なる飢饉と厳しい年貢で多くの農民が苦しみました。
> 続く明治維新は、日本の食生活が西洋化する転換期となりました。

第2章　日本人とご飯

た料理や食品が作り出されるようになりました。日本人の食生活の歴史において、大きな転換期といえます。

明治政府は、財政基盤を主要産業だった農業に求め、1873（明治6）年の地租改正で、全国一律の基準で地価を算定し、金納をしました。しかし、その基準はあくまで米価におかれていたため、農業政策には力を注ぎ、西洋農業を積極的に導入することで、開拓と農業改良を推進しようと計画しました。

一方で、19世紀末の日本の稲作技術はかなり高く、もともと稲作を伝えてくれた朝鮮半島をしのぐ水準にあったといわれています。

このため、西洋的畑作や牧畜を目指した明治政府も、1887（明治20）年ごろには稲作中心へと方針を転換し、農業の現場で苦労を重ねてきた農業指導者たちとともに、農業改良に役立つ知識や理論の交換や浸透に力を尽くしました。そして「明治農法」と呼ばれる、新たな水田稲作技術が確立していったのです。

また明治期は、一定の集団に食事を与える「給食」というシステムが生まれます。その最初の場が軍隊でした。明治政府は「富国強兵」のスローガンのもと、国民皆兵を建前とした軍事組織を作りましたが、当然その食事は米を基本とするものでした。毎日ひとりあたり6合の米が用意され、貧しい農民にとって白い米をお腹いっぱい食べられる軍隊食は大きな魅力でした。

また軍隊のみならず、士官学校や病院、工場などでも米を中心とした給食が試みられました。しかし工場現場での米の食事は、満足のいくものではなかったといわれています。

Time Line

- **1782年**
  - 天明の大飢饉が始まる。東北の死者は30万人とも伝えられる
- **1833年**
  - 天保の大飢饉が始まる。全国で34万人が餓死したと伝えられる
- **1818〜30年**
  - にぎり寿司の登場
- **1868（明治元）年**
  - **明治時代スタート**
  - 耕作地の民有化が布告される
- **1871（明治4）年**
  - 廃藩置県が実施され、田畑を自由に耕作できるようになる
- **1873（明治6）年**
  - 北海道で水稲の試作に成功
- **1874（明治7）年**
  - 米や麦の海外輸出が解禁される
- **1875（明治8）年**
  - 島根県に全国で初めて県立農事試験場が設立される
- **1877（明治10）年**
  - 第1回勧業博覧会を開催。日本の産業促進に大きく影響を与える
- **1881（明治14）年**
  - 全国農談会の開催。農商務省が設置される
- **1889（明治22）年**
  - 大日本帝国憲法（明治憲法）が公布され、土地台帳規則が制定される
- **1891（明治24）年**
  - 日本鉄道の東京—青森間が開通し、華族たちが東北地方に大農場を設立する
- **1893（明治26）年**
  - 国立農事試験場が発足

MESHIKEN まめ知識　江戸時代には数多くの料理本が出版されました。米飯料理を専門とする本も『名飯部類』と『万家至宝　都鄙安逸伝』の2冊刊行されています。

日本人の食生活史とご飯

米をはじめ政府が食料を管理
第一次世界大戦から太平洋戦争へ

米騒動が引きおこした大正デモクラシー

　1914（大正3）年に勃発した第一次世界大戦は、日本の輸出の激増を通じて好景気をもたらしました。日本経済は大いに発展。造船など工業生産額が農業生産額を超え、日本はアジア最大の工業国になりました。

　こうした米の価格も高騰し、1915（大正4）年10月に1石（150kg）11円だった米が、1918（大正7）年6月には28円を超えました。このため、重要な食料である米は、投機的な買い占めの対象となり、売り惜しみされたことから、ますます米価が上昇する事態となりました。さらに、同年7月に政府がシベリア出兵方針を固めたことから、軍用米の買い占めが始まり、米価の高騰に一層の拍車がかかったのです。

　日々高騰する米価は、民衆の生活を大きく圧迫。こうしたことから、米を求めて暴動を起こすという民衆蜂起が全国で発生しました。この「米騒動」の結果、米価の上昇は止まり、倒閣の機運が高まって、同年9月に原敬首相による日本最初の政党内閣が誕生したのです。

　いわゆる大正デモクラシーの最盛期であり、民衆運動、政治史上でも重要な意味を持つとともに、食生活史においても象徴的な出来事といえます。日本の主食である米が、20世紀初頭に国民生活に深く根付き、政治や経済と密接に関連していたことがわかるからです。

　そして、国家は生活物質として重要な位置を占める米に対して、この米騒動以降、本格的な米の管理に乗り出すことになっていきました。

　大正時代（1912〜1926年）は、雑誌に料理記事が数多く掲載されるようになり、欧米や中国などの料理が和食化しながらとり入れられていった時代でもあります。米食だけでなく、バラエティ豊かな料理が庶民の間にも広まっていきました。その代表が、カツ丼やカレーライス、ラーメンなどで、今日では食卓の定番料理となりました。

　また、この時代の特筆すべき点は、栄養教育が始まったことと、国民全体が一様に食事をとるようになり、ちゃぶ台を囲んで一家だんらんの時間が持てるようになったことです。

　しかし、西洋料理と和食が入り混じり、多彩な食文化が花開いたこの時代においても、国民の栄養エネルギーの大部分は米からとっていたというのも事実なのです。

世界でもまれな「食糧管理法」を制定

　米騒動で深い反省を強いられた政府は、植民地において米を産出する計画を実施するとともに、1921（大正10）年に「米穀法」を交付しました。米穀法は当初、朝鮮・台湾からの米が供給過剰のため、国内米の価格低下が問題化する中で、米の供給安定と価格調整を目指すものでした。政府が定めた米の最高価格と最低価格の間で米価を維持するほか、

大正・昭和初期の日本は、農業国からアジア最大の工業国へと変化をとげました。一方で、政治経済が激動する中で戦争に突入。米などの主食を政府が管理する法律が成立しました。

必要時には売買や貯蔵を行うことを目的としていました。

しかし、1923（大正12）年の関東大震災、昭和時代（1926〜1989年）に入ってからの、1929（昭和4）年のニューヨークの株式大暴落に端を発した世界恐慌により、街には失業者があふれ、欠食児童が全国で20万人に及ぶという状況が続きました。農村はさらに深刻な打撃を受け、多くの農家の経営は破たんをきたしました。

こうした中で満州事変が起こり、1931（昭和6）年には、政府は米穀法改正を行い、米の輸入を許可制とし、輸入関税を調整することで米価の安定に努めました。さらに、1933（昭和8）年には新たに米穀統制法を制定して、最低価格による政府の無制限買入義務を明示し、強力な関節統制を可能にしたのです。

その後、1937（昭和12）年盧溝橋事件によって、日中戦争が泥沼化していく中で、政府は戦時経済統制を本格化していくことになります。国家総動員法などの制定で臨戦態勢が強化され、太平洋戦争に突入していく段階では、日本の米事情は大きく変化し、生産基盤である農業も厳しい条件下に置かれるようになりました。戦争による徴兵・徴用は、人的労働力に頼ってきた水田稲作の根幹を揺るがしたからです。

1942（昭和17）年の食糧管理法は、これまでの間接統制とはレベルが異なり、政府の直接統制を可能とした法律でした。政府が農民や地主から自家保有米を除いた主要食料を供出させ、買い入れた食料を食糧営団や政府指定業者に売り渡すことが定められており、これにより配給統制がはじまったわけです。

こうして戦時中の日本は、政府が米をはじめ主食を管理し、違反する者すべてが刑事罰の対象となるという、世界でもまれな食糧管理制度を経験することになったのです。

Time Line

- 1894（明治27）年
  - 日清戦争が起こる
- 1899（明治32）年
  - カツレツの登場。カツ丼が生まれる
- 1904（明治37）年
  - 日露戦争が起こる
- 1910（明治43）年
  - 韓国を併合する。国内が米不足のため、植民地での米の栽培を奨励する

- 1912年
  - **大正時代スタート**
- 1913（大正2）年
  - 朝鮮米の関税を廃止する
- 1918（大正7）年
  - 各地で米騒動が起こる。シベリアに出兵する。日本最初の政党内閣が発足
- 1921（大正10）年
  - 米穀法の制定
- 1923（大正12）年
  - 関東大震災が起こる

- 1926年
  - **昭和時代スタート**
- 1929（昭和4）年
  - 世界恐慌が起こる
- 1930（昭和5）年
  - 新潟で稲の品種として初めて農林登録された「水稲農林1号」が育成される
- 1931（昭和6）年
  - 満州事変が起こる
- 1933（昭和8）年
  - 米穀統制法の制定

- 1937（昭和12）年
  - 日中戦争が始まる
- 1938（昭和13）年
  - 国家総動員法、農地調整法、電力国家管理法が制定
- 1939（昭和14）年
  - 第二次世界大戦が始まる。米穀配給統制法が制定
- 1942（昭和17）年
  - 食糧管理法の制定。衣食の切符制が始まる

MESHIKEN まめ知識 日清戦争あたりから米不足が慢性化しましたが、人口増加に加えて、米食の普及が原因といわれます。それまで国民の半分は麦、粟、そば、イモなどに頼った生活をしていました。

日本人の食生活史とご飯

めまぐるしく変化を続ける米の政策
戦後から現代

ヤミ市での食料確保とパン食普及の伏線

　太平洋戦争中の食糧管理法は、戦後も継承され、1995（平成7）年の米流通自由化まで続きました。

　戦後の最も重要な関心事は、生きるための食料確保でした。敗戦2週間後の1945（昭和20）年9月には、神戸では米のヤミ市が立ったといい、同じころに東京でも有楽町や新橋、渋谷、新宿などの駅前には、ヤミ市が出現しました。ヤミ市では、米の飯やすいとん、肉、卵、リンゴ、トウモロコシなどの食料品をはじめ、衣類や日用雑貨などが露店に並びました。なかでも米だけの「銀シャリ」は高嶺の花で、イモ雑炊やすいとんが人気を呼んでいたそうです。

　戦時統制立法だった食糧管理制度は、戦後も生きており、政府はこれを継続することで、食糧難を乗り越えようとしました。1946（昭和21）年の勅令による「食糧緊急措置令」は、生産者が供出に応じない場合は、無理やり供出させられるという権限を持たせたものです。この法令はヤミ取引を取り締まる根拠として働いたため、金のない労働者には餓死する者が多くみられました。劣悪な食料事情のもと、都会の人々は超満員の電車や列車に乗って、農村地帯へと買い出しに出かけ、米やサツマイモを背負って帰っていました。

　1946（昭和21）年には、労働戦線統一世話人会が主催した飯米獲得人民大会が開かれました。いわゆる「食糧メーデー」呼ばれ、配給米の即時配給や米軍食料放出などのスローガンが掲げられ、その参加者は25万人にも及んだといわれます。

　これらの訴えに対して、占領軍最高司令官のマッカーサーはアメリカに食料を求めます。1947（昭和22）年には小麦91万トンと大麦16万トンが送られ、日本にとって貴重な食料援助となりました。この援助は、朝鮮戦争の出兵で小麦需要がひっぱくする1951（昭和26）年まで続けられ、戦後におけるパン食普及の伏線となったと考えられます。

　米食とパン食の割合が逆転した現代から考えると、皮肉な話かもしれません。

米の国内自給体制が確立

　1950（昭和25）年頃から徐々に食料に関する統制が撤廃され、食料事情は改善に向かい、学校給食も全国で実施されるようになってきます。

　ただし、最大の主食である米は、以前として直接統制下にあり、この後も長く食料管理制度自体は維持されていきます。時代が進むにつれて、直接統制の意義は薄くなり、1952（昭和27）年には、供出完了後に残った米の自由販売が認められ、1954（昭和29）年になると米の供出制度もなくなり、予約売渡制度に変わりました。また続く1955（昭和30）年は大豊作で、米の生産量が戦争以前の水準に回復し、その後もほぼこの水準を維持していきます。ようやく米の国

食料不足から飽食の時代まで、
戦後70年間の日本人の食事情は著しく変化をとげました。
そして、未来へ。日本人とご飯の関係はこれからも続きます。

第2章　日本人とご飯

内自給体制が確立したわけです。

1950年代になってはじめて日本人は、誰もが腹いっぱいに好きなだけ米の飯を食べられる時代になるのです。そして、食糧管理制度は、米の価格調整という機能が重視されて、生産者の米価の抑圧から保護へと政策の方向性が変わっていくことになります。

また、戦後の電気冷蔵庫や電気釜、電子レンジをはじめとした家電製品の普及によって、家事にかかる負担が軽減し、女性たちの社会進出が活性化し、家庭における食生活のシーンが変化しました。食品開発も進み、1958（昭和33）年のインスタントラーメンの発売をきっかけに、レトルト食品、冷凍食品などが多数販売されるようになりました。

国民生活の変化で減反へ

1951（昭和26）年に朝鮮戦争特需で経済力を回復し、サンフランシスコ講和条約で国際政治の場にも復帰した日本は、1955（昭和30）年頃から高度経済成長期に入ります。

安定した米の国内自給体制が確立する一方で、1952（昭和27）年に「栄養改善法」が施行され、「白米に偏った食生活は肥満を招く」などの世論も出てきました。

また、1960（昭和35）年には、10年間で国民所得を倍増するという池田内閣の「所得倍増計画」が発表されました。この計画推進の過程の中で、「農業は遅れた状況にあり農業者の所得や所得が相対的に低い」という「農林漁業基本問題調査会」の答申が出され

Time Line

- 1945（昭和20）年
  ・終戦
- 1946（昭和21）年
  ・食糧緊急措置令の制定、食糧メーデー
- 1947（昭和22）年
  ・アメリカから小麦などの食料援助が行われる
- 1951（昭和26）年
  ・全国食糧事業協同組合連合会、全米商連創立
- 1961（昭和36）年
  ・農業基本法の制定
- 1967（昭和42）年
  ・3年連続して大豊作に。自主流通米制度の発足
- 1971（昭和46）年
  ・生産調整（減反政策）の開始。予約限度数量制の導入
- 1973（昭和48）年
  ・オイルショックが起こる
- 1982（昭和57）年
  ・改正食糧管理法の施行。配給統制が廃止される
- 1987（昭和62）年
  ・特別栽培米制度の導入
- 1993（平成5）年
  ・GATT・ウルグアイ・ラウンドの農業合意
- 1995（平成7）年
  ・新食糧法の制定
- 2001（平成13）年
  ・改正JAS法を制定。玄米および精米品質表示基準の適用開始
- 2004（平成16）年
  ・改正食糧法の制定。米の流通がほぼ自由化される
- 2016（平成28）年
  ・環太平洋経済連携協定（TPP）正式合意

MESHIKEN まめ知識　農林水産省が実施した食生活の調査で、20代の男性の約2割が1ヵ月間、米を食べなかったと回答しています。若者の米離れが際立っていることがわかります。

日本人の食生活史とご飯
めまぐるしく変化を続ける米の政策
戦後から現代

ました。これを受けて1961（昭和36年）に制定されたのが「農業基本法」です。

農業基本法の理念は、日本農業の近代化にあり、他産業の従事者と農業者の所得の均衡をはかるものでした。しかし、農業の大規模化を奨励したこの法律は、既存の農家の男性が工場などに働きに出て、農業は兼業で行うという結果を引き起こしました。また、経済効率のよい商品作物の栽培を奨励したため、利潤の少ない小麦や大豆は輸入に頼るという状況を生みだしました。

国民の食生活や栄養意識の高まりと反して、米の需要は、1962（昭和37）年度をピークに、徐々に低下していきます。1967年（昭和42）年から3年連続で米の生産量が1400万トン台となったのに対して、年間消費量は1200万トン。つまり米が「余る」時代となったのです。

政府は1971（昭和46）年から、本格的に生産調整をする「減反政策」（政府が需要を予測した上で、生産数量目標を都道府県ごとに定め、市町村や農協が各農家に振りわける。協力する農家には補助金が支払われる）を実施しました。また、昭和50年代に入ると、1973（昭和48）年のオイルショックの反省から、水田総合利用対策・水田利用再編対策といった形で、米から食料自給力の低い大豆や小麦への作物栽培の転換を図り、水田そのものも減少していきます。

変化し続ける日本人と米

こうした米をめぐる農業政策は、近年も著しく変化し続けています。

1986（昭和61）年にウルグアイで交渉が開始されたGATT（関税貿易一般協定）では、1993（平成5）年に日本政府が米の輸入の受け入れを決めました。また、1995（平成7）年には、新食糧法（主要食糧の需給および価格の安定に関する法律）が成立。流通規制を原則として撤廃し、減反については選択制としました。

さらに、2016（平成28）年には、環太平洋経済連携協定（TPP）を正式合意し、米の政府輸入枠をさらに拡大させました。

これまで見てきたように、私たち日本人の歴史において、米が大きな役割を占めてきました。現在、日本人の米の消費量は、減少の一途をたどっていますが、米自体を軽視するようになったわけではありません。多種多様な品種や料理に合わせた米の開発など、かえって強いこだわりをもった形に進化をとげているといえます。

これまで日本人の食生活を支えていた米。これからどう付き合っていくのかは、みなさんの意識次第です。

第3章

日本の地域のごちそうご飯
（郷土料理）

日本全国にはお寿司や混ぜご飯、炊き込みご飯など、お米やご飯を用いた郷土料理がたくさんあります。その地域の気候・風土・歴史に根ざした料理として、受け継がれてきました。この章で紹介するのは、ほんの一部。みなさんも旅行先などで探してみて下さい。

ご飯が主役の全国の郷土料理

日本には、ご飯を使った郷土料理がたくさんあります。米が貴重だった時代から、地域で受け継がれてきた大切な「食の遺産」。そんな郷土料理を紹介します。

生活の知恵が詰まった郷土料理

郷土料理とは、日本では特に定義や法律はありませんが、その地域の生産物を使い、風土にあった食べ物として、地域や各家庭で食べ継がれてきた料理を指します。

日本各地に、その土地の風土、気候、生活習慣に根ざした郷土料理がありますが、それは人々が生きのびるために、自然や歴史と戦って獲得してきた食生活・食文化といえます。

日本の食文化の歴史を振り返ると、どの時代も米が重要な役割を果たしてきました。日本人の誰もがお腹いっぱいに米のご飯を食べられるようになったのは、ここ60年くらいのこと。それまでは、神様への捧げものだったり、祭りや特別な日に食べるものだったりと、米を使った料理は、庶民にとってまさに「ごちそう」だったのです。

このことについて、土佐伝統食研究会代表も務める、高知県立大学名誉教授の松﨑淳子さんは「高知県は土地に占める森林の割合が84％と日本一高い地域です。平地が少ないので稲作が難しく、お米は貴重でした。同様に日本全国でお米を使った郷土料理はハレの日の料理なのです」と解説します。

米は「ハレの日」のごちそう

日本の郷土料理を俯瞰してみると、米と並んでよく使われている食材があります。それは、小麦とそばです。例えば、わんこそば（岩手）、おっきりこみ（群馬）、信州そば（長野）、ほうとう（山梨）、手延べだんご汁（大分）などがよく知られています。

これは、山がちな日本で米がとれなかったり、収穫できても年貢として納めてしまったりと、米は庶民が日常的に口にできるものではなかったことを表します。

徳島県の西の山間地にある三好市祖谷地域では、蕎麦の実を塩ゆでしてから皮をむき、乾燥させた「そば米雑炊」という郷土料理があります。蕎麦を米に見たてて調理するところに、米へのあこがれがよく現れています。

このように、米を使った郷土料理は、庶民にとって「ハレの日」の料理、喜びの料理だったのです。

この章で紹介するご飯が主役の郷土料理は、現代の食生活から見ると、どれも決して派手なものではありません。しかし、その地域の人々の暮らしに寄り添い、受け継がれてきた大切な「食の遺産」なのです。

第3章 日本の地域のごちそうご飯（郷土料理）

いかめし

イカの水揚げが全国屈指の、函館渡島（おしま）地方の郷土料理です。ワタを抜いたイカの身に米を詰め、楊枝で留めて醤油ベースのだし汁でじっくり煮込んだもの。モチモチと炊きあがった米とグイグイ歯応えのあるイカが、対照的な食感となっています。

函館本線森駅の駅弁で知られ、京王百貨店の「元祖有名駅弁とうまいもの大会」出展がきっかけで、北海道名物として全国区となりました。現在でも、デパートの駅弁大会でトップクラスの人気を誇っています。

ハタハタ寿司

ご飯を発酵に用いた飯寿司で、大量に獲れたハタハタの冬場の保存食として考えられました。塩漬けにしたハタハタをご飯と麹、ニンジンにカブ、昆布とともに漬け込んだものです。漬け方により仕上がる期間が異なり、頭を落とした「全寿司」や切り身の「切り寿司」なら3～4週間で、まるごと1尾の「一匹寿司」はひと月以上かかります。

秋田の「県の魚」でもあり、11月末～1月の漁期には卵（ブリコ）を抱えたハタハタが水揚げされます。

ハタハタ寿司の「ハタハタ」は、漢字で「鰰」や「鱩」と書きます。食材が少なくなる冬のはじめに、雷鳴と共にやってくる神様のような魚という意味がこめられています。

きりたんぽ・だまこ餅 秋田県

　潰したうるち米を木の棒に巻くようにつけて、焼いたものを指します。山菜やキノコといった山の幸、セリやゴボウなどの里の幸、日本三大美味鶏に挙げられる比内地鶏(ひない)とともに、「きりたんぽ鍋」にして味わうのが代表的。地鶏のダシが染みたご飯が、もっちりと豊かな味わいとなります。その名は見かけが槍にかぶせる鞘(さや)(地元では「たんぽ」と呼ぶ)に似たことからつけられ、新米の時期が特に味がよいとされています。
　きりたんぽと同じく、潰したうるち米をだんご状に丸めたものが、だまこ餅です。秋田弁で「お手玉」が、その名の由来で、こちらも「だまこ鍋」が定番。きりたんぽより歴史が古く、手軽に作れるため農家の家庭料理として浸透しています。

きりたんぽ

だまこ餅

第3章 日本の地域のごちそうご飯（郷土料理）

はらこめし 宮城県

　サケの身とイクラを両方使った、いわば「サケの親子丼」。サケの煮汁で炊いたご飯に、ほぐしたサケの身のしっとりした舌触りと、イクラの濃厚な味わいが渾然一体となり、秋サケの水揚げの時期に新米との組み合わせが絶妙なうまさです。

　イクラを指す「はらこ」とは、サケの腹の中にいる子からついたとか。もとはサケ漁が盛んな亘理（わたり）地区の漁師料理で、仙台藩主の伊達政宗（だてまさむね）公に献上された逸話も残っています。

深川丼（ふかがわどん） 東京

　アサリやハマグリ、アオヤギのむき身にネギ、油揚げなどを味噌仕立てにして、ご飯にぶっかけた丼です。江戸時代、東京湾（当時は江戸湾）に面した漁師町だった深川で生まれ、貝漁の最中に船の上で手早く食べられる料理として重宝されていました。

　貝の旨みがご飯によく染み、栄養価も高いため労働食にはもってこい。炊き込みご飯のタイプの「深川めし」もあり、深川には職人も多かったためこちらは大工などの弁当に用いられていました。

 MESHIKEN まめ知識　江戸前の味として人気の深川丼は、江戸時代に生まれ、明治から戦前にかけて大ブームの料理となりましたが、戦後一度、姿を消すという悲しい歴史も。

五平餅
（ごへいもち）

長野県

　炊いたうるち米を潰して、竹の棒に盛り付けて焼いた信州の郷土料理です。主に木曽（きそ）や伊那（いな）といった県南で食べられており、味噌や醤油のベースにすりゴマやクルミ、砂糖を加えたタレにからめるのが特徴。粒の形がほんのり残ったご飯とタレがからみ、山里の素朴さが感じられます。

　形はだんご状だったり平らだったりと、地域で様々。名の由来はその形が小判（御幣（ごへい））に似ているからとか、五平という人物の発案とか、諸説唱えられています。

第3章──日本の地域のごちそうご飯（郷土料理）

ます寿司 富山県

　木製の丸い形の器に笹の葉を敷いて、塩で味付けしたマスの切り身を並べ、酢飯を押し込み笹でくるんで、重石をして寝かせてできあがり。マスは淡水に遡上するサクラマスを使っていて、脂ののりがほどよいため酢飯と一体感ある食感が楽しめます。
　そのルーツは、富山藩主前田利興（としおき）公が江戸幕府八代将軍徳川吉宗（よしむね）公に献上し、好評を博したことで、後に藩の献上品となりました。当初はアユを寿司ダネに使っており、マスを使うようになってから富山の名物として定着していきました。
　富山県を代表する駅弁やみやげ物としても知られ、富山市内に30数軒の店舗があり、塩加減や酢加減、ご飯の量や炊き具合といった、独自の味を競っています。二段重ねも人気です。

笹寿司 新潟県

　クマザサの葉の上に酢飯を盛り、地場産の野菜や魚介をのせた、新潟県と長野県北信（ほくしん）地区の郷土寿司です。具材はワラビやゼンマイといった山菜、シイタケやニンジン、レンコン、サケそぼろにヒジキなどで、仕上げの形は混ぜ込んだりのせたりと、地域により様々です。
　その起源は越後の戦国武将・上杉謙信（うえすぎけんしん）が、甲斐（かい）の武田信玄（たけだしんげん）と戦う際に供した陣中食とされ、抗菌作用があるクマザサが器にもってこいだったと伝わっています。

 MESHIKEN まめ知識　醤油をベースとして甘いタレでつけ焼きする「みたらしだんご」。串に刺すだんごの数は、発祥の地・京都では5個が一般的ですが、江戸に伝わった際にひとつ減り、関東では4個が普通だとか。

手こね寿司 三重県

　奥志摩(しま)地方に伝わる漁師料理です。獲った魚を船上で刺身にして醤油ベースのタレに漬け込み、おひつに持参したご飯と手でこね回して調理したのが名の由来。漁の合間に短時間でつくれ、とれたての魚を新鮮なうちに味わえる、合理的な労働食です。

　使う魚はカツオやマグロなど、赤身なら何でもオーケー。味付けに砂糖を用いるのが特徴で、甘めの酢飯が刺身との相性が良く、薬味ののりや大葉、ショウガのおかげですっきり味わえます。

菜めし

> 愛知県

　炊きあがったご飯に刻んだ大根やカブ、菜の花などの葉をまぜこんだものです。味付けは塩のみ、温かいご飯に菜の萌ゆるような香りが立ちのぼり、爽やかな味わいが楽しめます。

　ご飯に野菜などを炊き込んだ「かて飯」のひとつで、米が貴重な時代に安価に増量することが目的の一種でした。東海道の宿場町で茶屋が供する料理でもあり、豆腐の田楽とセットされた「菜飯田楽」が、豊橋市の旧吉田宿などで現在も郷土料理として伝わっています。

鮒寿司（ふなずし）

> 滋賀県

　ご飯を発酵に利用した、寿司の原型である「なれ寿司」のひとつです。琵琶湖でとれるニゴロブナの抱卵したメスを材料に、塩をしてご飯と交互に重ね、寝かせること数ヶ月～2年間。強烈な酸味と乳酸発酵の香りは好みが分かれますが、酒の肴をはじめご飯のおかず、特にお茶漬けの具に合うと、地元では人気を誇っています。

　近年は琵琶湖の生育環境の悪化によりニゴロブナが減少、一尾で数千円する高価な品となっています。

茶粥（ちゃがゆ）

> 奈良県

　茶袋に入れた茶葉を鍋で煮出し、米を入れて炊いた粥です。その歴史は古く、1200年前の東大寺二月堂お水取りの連行僧への献立に記されていたといいます。地元では「おかいさん」の愛称で親しまれ、かつては一般家庭の朝食で常食されていました。

　使う茶はほうじ茶や番茶など、地域により様々。水で炊くよりも、米粒がサラッと仕上がるのが特徴です。サツマイモやかき餅、栗、豆類を加えたり、夏は冷やしたりと、季節ごとの食べ方も楽しめます。

MESHIKEN まめ知識　「奈良の朝は茶粥で明ける」といわれるほど、奈良の一般家庭で食べられてきた茶粥ですが、塩分が多く熱い茶粥は、胃潰瘍や胃がんになりやすいとされ、廃止を呼びかけられた時期もあるそう。

めはり寿司・さんま寿司

めはり寿司は漬け込んだ高菜でご飯を包んだ、熊野地方の郷土寿司です。山林や畑で働く人たちの労働食に用いられ、大ぶりなところから大きな口を開け、目をみはるように食べることからその名が付いたといわれます。

さんま寿司は熊野灘沿岸地域の郷土寿司で、サンマをタネにした押し寿司です。サンマは黒潮にのって回遊し、熊野灘沖に来る頃にはほどよく脂が落ち、あっさりとした食味となるため寿司ダネに向いています。

和歌山県は寿司文化が多彩で、寿司の原型である「なれずし」も伝わっています。アセの葉で塩漬けしたサバとご飯を巻き、すし桶で数日〜10日ほど発酵させたもの。別名「くさり寿司」とも呼ばれるように、酸味と発酵臭がかなり強烈です。

めはり寿司

さんま寿司

第3章　日本の地域のごちそうご飯（郷土料理）

ばら寿司 岡山県

　サワラやエビ、ママカリ、タコ、アナゴなど瀬戸内の魚介に、黄ニラにレンコン、シイタケなどの地場野菜といった、岡山の豊かな食材を盛り合わせた郷土寿司です。彩り華やかな見た目から別名「祭りずし」とも呼ばれ、祭事や祝い事などハレの料理として作られています。
　発祥は岡山藩主池田光政公の「食膳を一汁一菜にするよう」との倹約令にあり、それを忍ぶため豊富な具材を混ぜ込んだ寿司を「一菜」としたことに由縁があります。

箱寿司 大阪府

　木枠に酢飯と魚介などの種を詰め、押して仕上げる寿司です。タネに小鯛、焼き穴子、ゆでエビ、しめサバ、玉子焼きなどを使い、市松模様の見た目が実に華やか。持ち帰って食べてもおいしいようにつくられており、みやげや進物にも重宝されています。
　別名「大阪寿司」とも呼ばれ、酢飯にしめサバと白板昆布をのせたバッテラなど、大阪の押し寿司を総称しています。タネの鮮度が勝負である、握り寿司が主流の江戸前寿司とは、対照的な寿司文化です。

 魚を乳酸菌によって発酵させた「なれずし」に対して、酢をご飯にかけて熟成味を出す寿司は「早寿司」と呼ばれました。早寿司の代表「にぎり寿司」は、江戸で19世紀になってから誕生しました。

鯛めし 愛媛県

　瀬戸内海と宇和海に面した愛媛県は日本屈指のマダイの産地で、地域により２種類の鯛めしが味わえます。宇和海寄りの宇和島など南予地方の鯛めしは、炊いたご飯の上に刺身をのせ、酒と醤油と卵黄のタレをかけ回していただくスタイル。海賊の陣中食や漁師料理として、手早く食べられ重宝したとされます。

　瀬戸内寄りの松山や今治の東予・中予地方では、鯛の身を米と一緒に炊き込んだもの。身をほぐしてご飯に混ぜ込んでいただきます。

南予地方の鯛めし

第3章　日本の地域のごちそうご飯（郷土料理）

たこめし 広島県

　米と一緒に、ぶつ切りにしたタコをはじめ刻んだニンジン、ゴボウ、油揚げを炊き込んだご飯です。ピンク色に染まったご飯には芯までタコのダシが染み渡り、グイグイとした歯応えのタコの身からはかむごとに旨みがあふれてきます。
　タコは三原の特産で、瀬戸内海の多島海の早潮にもまれ身の締まり味の濃いマダコが水揚げされます。もとは船の上で食べる漁師料理で、漁師の家庭の味でもありました。

高菜めし（たかな） 熊本県

　阿蘇（あそ）地方の特産である高菜漬けを使った、県内の一般家庭に定着している料理です。つくりかたは刻んだ高菜漬けを油で炒め、ご飯と炒り卵を加えて塩コショウ、醤油で味付けしてできあがりと、いたってシンプル。高菜の酸味が炒めることにより香り立ち、ご飯にほど良い味付けとなり食が進みます。
　高菜めしとともに供されることの多い郷土の汁物に、「だご汁」があります。小麦粉や米粉を練って平たくちぎり、野菜や豚肉と一緒に具にした味噌汁やすまし汁です。

 MESHIKEN まめ知識　熊本県や大分県などでよく食べる郷土料理「だご汁」。このだんごにきな粉をまぶしたおやつを「やせうま」と呼び、ヘルシーな和菓子として人気です。

姿寿司

姿寿司・田舎寿司・こけら寿司

高知県

　高知県には宴席を設けて人をもてなす、「おきゃく（酒宴）」文化が定着していて、様々な寿司が発達してきました。

　姿寿司は丸のままのサバを背開きにして、塩をして締め酢飯を詰め込み、形を整えた寿司です。皿鉢（さわち）料理には欠かせない品で、尾頭付きで盛るのが基本です。

　田舎寿司は野菜や山菜、コンニャクなどをタネにした、山間部の寿司です。タケノコの黄色、シイタケの黒、ミョウガの紫、「リュウキュウ」と呼ばれるハスイモの緑など、鮮やかな色合いが食欲をそそります。

　こけら寿司は、魚のほぐし身を混ぜたご飯の上にシイタケやニンジン、錦糸卵をのせ、何層も重ねて押した東洋町の郷土料理です。「喜びを重ねる」の意で、祝い事や神祭に供されます。

田舎寿司

こけら寿司

第3章 日本の地域のごちそうご飯（郷土料理）

冷や汁
宮崎県

ほぐした焼き魚とゴマなどの薬味を味噌に加え、だし汁でのばして氷で冷やした味噌汁で、ご飯にかけ回していただきます。使う魚はアジ、イワシ、イリコ、カマスなどで、地域によりキュウリやミョウガ、青ジソ、豆腐も加えます。さっぱりして食が進むため、夏バテ防止の料理として宮崎の家庭で常食されてきました。

鎌倉時代が起源とされており、僧侶により全国に伝播されました。多くが廃れてしまう中、宮崎県では当時に近い形で残っています。

黄飯（おうはん）
大分県

クチナシから抽出したエキスで炊き込んだ、名の通り黄色い色をしたご飯です。焼いたエソの身にニンジンやダイコン、ゴボウを具にしたけんちん汁「かやく」が添えられ、黄飯にかけ回していただきます。

キリシタン大名・大友宗麟の所領だった臼杵が発祥の料理で、祝い事や戦勝、もてなし料理として供されるなど、赤飯の代わりに用いられました。その見た目から、当時交易のあったイスパニア（スペイン）から伝わったパエリアが原型との説があります。

 MESHIKEN まめ知識 沖縄県は全国で有数の昆布の消費地。昆布を使った郷土料理もたくさんありますが、実は昆布はとれません。江戸時代に、北海道などの産地から北前船で運ばれてきたのが発展しました。

酒寿司

鹿児島県

　酢の代わりに地酒を使って発酵させた、押し寿司の一種です。寿司桶に酒をふりかけたご飯を入れ、シイタケやタケノコ、レンコン、フキなどの野菜、鯛やエビ、タコなど錦江湾でとれる魚介、錦糸卵、カマボコ、薩摩揚げをのせ、数段重ね酒をふりかけふたをし、重石をして数時間寝かせてできあがり。仕込みに1〜2日時間を要する、手間のかかる料理です。
　酒は火入れをしていない生酒を用い、下戸の人は香りで酔うほどの量を使っています。

フーチバージューシー

沖縄県

　ジューシーは雑炊や炊き込みご飯を指し、古くから定着している沖縄の家庭料理のひとつです。豚やカツオのダシでご飯と豚の三枚肉、ニンジンやシイタケの野菜類、フーチバーと呼ばれるヨモギを加えて炊き込んだのが、フーチバージューシー。ヨモギのほんのりとした苦みと爽やかな香りに、南国の郷土料理らしさが感じられます。
　ヨモギは臭い消しのほか薬草としても重宝され、ヤギ汁や沖縄そばなど沖縄料理に多用される食材です。

第4章

おにぎり
―日本人の「ソウルフード」―

今日のおにぎりは何の具かな？　誰もがわくわくしながら、かぶりついたことがあるでしょう。そんな日本人の「ソウルフード」おにぎり。おにぎりの歴史やご当地おにぎり、三角形が一般的になった理由など、おにぎりのすべてを解き明かします。

おにぎりの歴史と進化

日本に生まれ、日本に育った人ならば
必ず口にしたことがある「おにぎり」。
和食のルーツ「おにぎり」の変遷をたどります。

日本が誇るソウルフード「おにぎり」とは

　日本人であれば、誰もが食べたことがある「おにぎり」。古くから日常食として日本に根付き、近年ではスーパーやコンビニエンスストア、弁当屋、おにぎり専門店と、内食から中食、外食にいたるまで、ありとあらゆる食シーンに登場。日本国内で生活していて、おにぎりを目にしない日はないといっても過言ではありません。しかし、これだけ日本人の生活に密着している料理にも関わらず、おにぎりについて書かれた文献はほとんどありません。おにぎりはいつでもどこでもそこにある、日本人にとって当たり前すぎる存在です。

　おにぎりは、日本で最も古く成立した料理です。その形やサイズはさまざま、具材の組み合わせは無限大。にぎりたてを食べるも、携行して食べるもよし。温かいのがうまいのは言わずもがな、おにぎりは冷めてもうまい。そして何より、老若男女問わず誰もが簡単に調理できます。これだけさまざまな要素を受け止め、設計された料理は、世界中見渡してもほかにありません。和食がユネスコ世界文化遺産に認定され、世界的に和食への注目度が高まっている今こそ、日本が誇るソウルフード「おにぎり」を見つめ直してみましょう！

おにぎりの化石発見⁉

　そもそも、日本人はいつからおにぎりを食べていたのでしょう。その手がかりとなるのは1987（昭和62）年、石川県能登半島にある旧・鹿西町（現・中能登町）にある竪穴式住居跡の遺跡「杉谷チャノバタケ遺跡」で出土した、日本最古のおにぎり状に固まった炭化米です。この化石は紀元1世紀頃、弥生時代中期のものとされ、石ころほどの炭化した米の塊は、先端が尖った円錐型に近い、二等辺三角形のような形をしています。また、

東京最古のおにぎり専門店「おにぎり浅草宿六」のおにぎり。昭和29年創業。

神奈川県横浜市や香川県高松市でも、弥生時代中～後期のものと推測される炭化米が発掘されています。

これら「おにぎり状の炭化米」は、手でにぎられたと思われる形状のまま化石化しています。食料が極めて貴重だった時代、自らが食べることが目的で調理されたものであれば化石化するとは考えにくく、この炭化米は神様へのお供え物など、何らかの信仰の現れであったと考えられます。

しかしながら「おにぎり状の炭化米」がつくられたとされる弥生時代中期よりも数千年も前、縄文時代後期には日本国内でも稲作が定着したとされています。また、米同士がくっつき合うという特性を考えると、少なくとも弥生時代までには「おにぎり状のもの」を食べていたと考えるのが自然でしょう。

ちなみに6月18日は「おにぎりの日」とされているが、6月の6は鹿西の「ろく（6）」と、毎月18日に設定されている「米食の日」から取って制定されました。

最古のおにぎり文献

では、おにぎりが文献として残されているのはいつの時代からでしょう。最も古いのは奈良時代。元明天皇の詔によって編纂されたとされ、各国の風土をまとめた風土記のひとつ『常陸国風土記』があります。原本が存在しませんが、写本の中に「風俗説云握飯筑波之国」（＝地元ではにぎりめしの国と呼んでいた）という記述があり、奈良時代にはすでに「にぎりめし」という言葉が存在した可能性を示しています。また、物語として残っている最古のものは平安時代。『源氏物語』に登場する、「屯食」です。

「その日の御前のその日の御前の折櫃物、籠物など、右大弁なむたて承りて仕うまつらせける。屯食、禄の唐櫃どもなど、ところせきまで、春宮の御元服の折にも数まされり。なかなか限りもなくいかめしうなむ。」（※『源氏物語』第一帖 桐壺 第三章 第六段『源氏元服』より原文抜粋）

『常陸国風土記』は713年に編纂の詔が出され、721（養老5）年に成立しました。現在の茨城県に関する情報をまとめた地誌で、常陸国は海山の産地も多く、豊かな土地とされています。

筑波山麓の稲刈り風景。「握飯の国・筑波」は現在も米作りが盛んです。

MESHIKEN まめ知識　秋田県能代地方では、「ぼたっこのだまっこ」と呼ばれる、丸型の塩サケ焼きおにぎりが親しまれています。「ぼた」は塩ザケを、「だま」はおにぎりのことを指します。

第4章　おにぎり―日本人のソウルフード―

（口語訳）
この日の宴の席の料理やお菓子などは、右大弁の指示で作られましたが、屯食やほうびの唐びつ（重要なものを入れる箱）など、その数は次期天皇の元服のお祝いよりも多いものでした。

「屯食」は甑で蒸した米、「強飯」を大きく楕円形ににぎったもので、宮中での催しがあるときに御所の宿直（宮中などでの警備）や下級役人へ与える食べものでした。その形が鳥の卵にも似ていることから「鳥の子」とも呼ばれていました。

サムライとおにぎり

おにぎりが一気にブレイクしたのは、平安末期から鎌倉時代。武士の世の中になり、おにぎりが兵糧として携帯食へと役目を変えたことにあります。当時のおにぎりは赤米や黒米の玄米のにぎりめしが主流で、干し味噌か塩をつけて食べていました。

戦国時代に入っても、米はまだまだ貴重な存在。普段は粥しか食べられない農民たちが、おにぎり目当てに志願兵として集まってきたようです。戦場では「塩かます」と呼ばれる、塩が入ったおにぎり専用箱に入れられ、武士にとって貴重な塩分とエネルギーの供給源となっていました。

関ヶ原合戦時代をまとめた文献『おあむ物語』には「朝に菜飯を炊いて昼飯に持って行く」といった記述があり、今でいう混ぜご飯タイプのおにぎりが存在したことをうかがわせます。また、この時期に登場した忍者にとっても、おにぎりは貴重な存在でした。

兵糧から弁当へ

江戸幕府が開かれ平和な時代となると、おにぎりの役目も「兵糧」から「弁当」へと変化をとげます。五街道の宿場町では「染飯」という、クチナシで黄色く染めたもち米が登場。疲労回復効果のあるクチナシでつくった染飯はたちまち大流行し、富士山信仰も相まって、東海道では黄色い三角おにぎりが主流となりました。今も静岡県藤枝市周辺では「染飯」がご当地の味として存在しています。

米の生産量が飛躍的に増加したこともあり、農民にもある程度米が行き渡るようになりました。農作業の合間に、くず野菜を混ぜ込んだ「かて飯」をおにぎりにして食べていたようです。

青森県のご当地「菊かおりおにぎり」。江戸時代、南部藩主が京都から食用菊を導入したのがきっかけ。現在の青森県東部から岩手県にあたる南部地方に広まりました。

また、江戸中期には「のり」がおにぎりにも用いられるようになりましたが、のりの養殖技術が確立しておらず、のりを巻いたおにぎりは超高級品でした。

駅弁も給食もはじまりはいつもおにぎり

日本初の駅弁には1877（明治10）年の大阪駅説、いまも「峠の釜飯」で有名な横川駅「荻野屋」説など諸説ありますが、最も有力とされるのが宇都宮駅説。1885（明治18）年7月16日、日本鉄道の嘱託を受けた旅館「白木屋」が駅構内で販売したのが、はじまりとされています。当時の駅弁は、梅干し入りおにぎり2個とたくあんを竹の皮で包んだだけの、シンプルなもの。列車は当時、1日に2往復しか走っていなかったそうです。

一方、学校給食のはじまりは1889（明治22）年。山形県鶴岡町（現・鶴岡市）の私立忠愛小学校で貧困児童を対象に無料で学校給食を実施、これが学校給食の起源と考えられています。当時の献立は、おにぎり、焼き魚（塩ザケ）、菜の漬物でした。私立忠愛小学校は鶴岡の各宗寺院住職らの寄付によって設立された学校で、寄付による給食は1945（昭和20）年まで継続。今日における学校給食の礎となりました。

戦後のおにぎり

戦中、戦後と苦難の時期も日本人を支えてきたおにぎり。高度経済成長期を経て、多様性の時代へと突入します。まずは昭和20年代後半に、おにぎり専門店が登場。おにぎりは外食への本格進出を果たします。次いで1978（昭和53）年、コンビニエンスストアのセブン-イレブンがおにぎりの販売を開始すると、おにぎりはまたたく間にコンビニエンスストアの主力商品へと成長を遂げました。

コンビニエンスストアでのおにぎり販売数量は年々増え続け、2016年現在、全体で年間40億食以上ものおにぎりが販売されています。2015（平成27）年には中食における米消費量がプラスに転じましたが、これはおにぎり人気が消費を牽引したと考えられています。

奈良県ご当地「奈良茶飯おにぎり」。東大寺の僧坊で食されていた茶飯が由来。

当時の駅弁を再現した模型（日本鉄道構内営業中央会所有）

MESHIKEN まめ知識　千葉県館山地方では、大きく三角ににぎったものを「おむすび」、俵型に小さくにぎったものを「おにぎり」と呼んで区別していました。

おにぎり年表

❖ **紀元前 6000 年頃**（縄文時代中期）
日本に稲が伝わったとされる。

❖ **紀元前 3000 － 2800 年頃**（縄文時代後期）
九州から西日本を中心に、東北地方まで稲作が広まる。当時は赤米が主流。のちに黒米が広まる。

❖ **紀元 1 世紀頃**（弥生時代中期～後期）
石川県旧鹿西町（現・中能登町）で、もち米を蒸して固めて焼かれたおにぎり状の炭化米塊が発見される。

❖ **717 － 724 年頃**（奈良時代初期）
元明天皇の詔により日本各地の『風土記』が編纂される。そのうちのひとつ『常陸国風土記』に「握飯」の記述が残る。

❖ **794 － 1185 年頃**（平安時代）
貴族が宴の際、蒸したもち米を握り固めた「屯食」と呼ばれるものを従者に振る舞った。また九州警護の防人など、兵士が携帯したとされる。

❖ **1221 年**（鎌倉時代初期）
承久の乱で、東国（鎌倉幕府側）の武士に兵糧として梅干入りのおにぎりが配られ、これをきっかけに梅干が全国に広まったとされる。鎌倉時代末期（1300 年頃）には、うるち米が用いらるようになる。

❖ **1467 － 1590 年頃**（戦国時代）
おにぎりは兵糧として特に重宝される。間引き菜を米と一緒に炊いた菜飯おにぎりが主流。豊臣秀吉が天下統一後、赤米や黒米に比べ収量の多い白米が広まる。

❖ **1603 － 1868 年頃**（江戸時代）
おにぎりが「弁当」として重宝されるようになる。五街道の整備に伴い旅人が携帯食として、農民は農作業の合間に食べた。アサクサノリの養殖が始まった元禄時代（1688 ～ 1704 年）に、のり巻きおにぎりが発明される。

 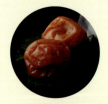

※一般社団法人おにぎり協会調べ

"ONIGIRI" Chronological table

第4章 おにぎり ―日本人のソウルフード―

❖ **1869年（明治2年）**
山本海苔店2代目山本徳治郎が、明治天皇の京都への行幸のみやげとして、醤油やみりんで味を付けたのりを開発。「味付けのり」は京都を中心に広がり、近畿地方ではこれがおにぎりのりのスタンダードになる。

❖ **1885年（明治18年）**
日本鉄道宇都宮駅構内で、地元旅館が日本初の「駅弁」を販売。黒ゴマをまぶした梅干入りおにぎり2個とたくあん2枚が、竹の皮に包んであった。

❖ **1889年（明治22年）**
山形県鶴岡町（現・鶴岡市）の私立忠愛小学校で貧困児童を対象に、日本で初めて「給食」を実施。当時の献立は、おにぎり、焼き魚（塩ザケ）、菜の漬物。

❖ **1957年頃（昭和32年）**
三重県津市にある天ぷら定食店「千寿」が、エビの天ぷらを具にしたおにぎり「天むす」を、まかない料理として考案。

❖ **1978年（昭和53年）**
セブン-イレブンが、パリッコフィルムを考案。パリパリのりの手巻きタイプおにぎりを商品化。以降、おにぎりがコンビニエンスストアの主力商品に。

❖ **2013年（平成25年）**
「和食：日本人の伝統的な食文化」が、自然を尊重する日本人の心を表現したものであり、伝統的な社会慣習として世代を越えて受け継がれているとし、ユネスコ無形文化遺産に登録。

❖ **2014年（平成26年）**
おにぎりの世界的認知拡大と地位向上を目指す、「一般社団法人おにぎり協会」設立。翌2015（平成27）年のミラノ万博への出展をはじめ、おにぎりが世界へ羽ばたくきっかけとなる。

 まめ知識 愛知県では、焼き味噌を具材にした「合戦むすび」と呼ばれる焼きおにぎりがあります。徳川家康が「長篠の合戦」の際、戦陣食としてつくらせたのが由来とされます。

永遠のライバル!?
「おにぎり」と「おむすび」

同じものを指すのにふたつの呼び名が存在する「おにぎり」。「おむすび」との違いとは。

「おにぎり」と「おむすび」結局は同じもの

おにぎりとおむすびの語源については、いくつもの説があります。
「東日本ではおにぎりと呼び、西日本ではおむすびと呼ぶ」
「おにぎりが三角形で、おむすびは俵型である」
「おにぎりは形を問わないが、おむすびは三角形である」
「しっとりのりがおにぎりで、パリパリのりがおむすび」

などなど。実はこれらはすべて根拠のない俗説です。一方で、広辞苑には「おにぎり」「おむすび」「にぎりめし」の3つについてこう書かれています。

おにぎり【御握り】／にぎりめし。おむすび。
おむすび【御結び】／握飯(にぎりめし)のこと。
にぎりめし【握り飯】／握り固めた飯。むすび。おにぎり。

つまり「おにぎり」「おむすび」「にぎりめし」は、各々呼び名は異なれど、全く同じもの、ということなのです。

「男おにぎり」「女おむすび」

上に挙げたものを含め、おにぎりとおむすびの語源について言及された説のほとんどが俗説と思われますが、、唯一確からしいのが「おにぎり」「おむすび」各々の言葉の発祥についてです。

まず、奈良時代の『常陸国風土記』(P67)にその記述がある通り、「おにぎり」や「おむすび」よりも「にぎりめし」という呼び名の方が、圧倒的に古いということは疑う余地はありません。鎌倉から戦国時代、つまり武士の時代は「にぎりめし」が主流であり、戦国の世が終わりを告げる頃、「おにぎり」は"にぎりめしの丁寧語"として登場しました。一方「おむすび」は江戸時代、宮中(きゅうちゅう)や大奥(おおおく)の

おむすびは古事記に登場する「むすびのかみ」が語源とする説もあります。

女官言葉がルーツです。つまり「おにぎり」は武士（男）言葉が転じたもので、「おむすび」は女言葉が根付いたものだといえます。

九州男児はにぎりめし！？

おにぎりには主に「三角」「俵」「丸」「円盤」の４大型が存在しますが、型の違いによる呼び名の違いは特にありません。一方で地域によって「おにぎり」「おむすび」どちらを呼び名に使うことが多いか、若干の偏りが存在します。

『近代文化研究叢書３ おにぎりに関する研究』（小田きく子著）によると、北海道、関東、四国では「おにぎり」と「おむすび」が拮抗、近畿は「おにぎり」が優勢、中部と中国は「おむすび」が優勢、九州・沖縄では「おむすび」はまれで「おにぎり（にぎりめし）」が大多数を占めるとされています。しかし、人の往来が飛躍的に増え、さまざまな言語が入り乱れる現代においては、これら地域偏差も平準化されているのが事実。もはや「おにぎりとおむすびの呼び方の違いは、育った家庭や個人レベルで異なる」というのが現実的な解釈でしょう。

1978年「三角おにぎり」が天下統一

もし「おにぎりを描いてみてください」と言われたら、あなたならどう描くでしょうか？おそらく９割以上の人が三角形を描くはず。しかし、約40年前までは「三角型」「円盤型」「俵型」「丸型」の「４大おにぎり型」が、全国各地に散らばって勢力も拮抗していました。

2016年３月現在、全国に５万4000店舗以上存在するコンビニエンスストア。1973（昭和48）年、東京都江東区豊洲にセブン-イレブン１号店が登場しました。1978（昭和53）年、セブン-イレブンが約２年間の開発期間を経て、三角型おにぎりの販売を開始。三角形が採用されたのは製造ロスを最も防げ、運びやすい形状だったからとされています。以降、「三角おにぎり」はコンビニエンスストアの主力商品としての地位を確立することとなります。

ちなみに、大手コンビニエンスストアのうち、ファミリーマートだけは「おむすび」の呼称で統一しています。

大分県ご当地「どんこ（シイタケ）のにぎりめし」。九州では野菜混ぜご飯タイプのおにぎりが多く見られます。

近年ほとんど見かけることがなくなってしまった「円盤型」は、焼きおにぎり向き。

 まめ知識 江戸時代は庶民の間にぬかみそ漬けが広まった時期。米の生産が飛躍的にのび、精米技術も高まったため、米ぬかが手に入りやすくなったからといわれています。

4大おにぎり型とご当地おにぎり

三角型

発祥は関東地方といわれていますが、全国にまんべんなく分布。現在の正三角型に落ち着いたのは江戸時代に入ってからです。五街道が整備されて旅人が増え、より携行しやすいよう改良されたといわれています。

東京「深川おにぎり」
佃煮（つくだに）の発祥は中央区佃島。江戸時代、漁師が保存食として雑魚や貝類を塩煮したのがはじまり。江戸中期に千葉の醤油が広まり、現在の醤油煮の形になりました。

静岡「クチナシおにぎり」
東海道の立場（休憩所）の名物として売られていた「瀬戸の染飯」が起源とされます。クチナシは古くから疲労回復の効果が高く、旅人が好んで食べました。

円盤型

主に東北地方の日本海側から北陸地方に分布。葉で包んだり焼いたりしやすくするため、この形状に。冬場はおにぎりが凍ってしまうので、焼きおにぎりが普及しました。

山形「弁慶飯」
庄内（しょうない）地域に古くから伝わる、青菜漬（せいさいづけ）などで包んだ味噌おにぎりをあぶった郷土料理。昔は茶碗2杯分もの大きさでつくっていたそう。

新潟「けんさ焼きおにぎり」
「けんさ焼き」の由来は、越後の武将・上杉謙信公が諸国を遠征した際、兵糧として剣の先におにぎりを刺し、焼いて食べたことからとされます。炉端で焼いて食べていました。

俵型

主に関西地方でよく見られる。発祥は江戸時代、町人文化が花開いた大坂（後に大阪）で、芝居小屋で幕間に食べる「幕の内弁当」に入っていたことから。味付けのりを巻きやすいからという理由もあります。

京都「苗めし」

由来は、陰干ししてしんなりした稲の苗でおにぎりを包んだことから。田植えの際、きな粉のように黄金色の稲穂が実るように、という願いをこめてつくられていました。

大阪「塩昆布おにぎり」

江戸時代に、歌舞伎とともに広がりました。これ以降、大坂のおにぎりは俵型が定番に。味付けのりが広まったのは明治時代になってから。

丸型

中部地方を中心に、中国・四国・九州と全国に広く分布。江戸時代は野菜くずを混ぜ込んだ「かて飯」を用いることが多く、農民が野良仕事の合間に食べる弁当として親しまれていました。

長野「野沢菜とカリカリ梅おにぎり」

梅（南高梅）といえば和歌山県だが、カリカリ梅に使われる小梅に限ると長野県が生産量日本一。国産小梅の大半が南信州産だそう。野沢菜漬けは北信州の郷土料理の漬け物。

山口「ワカメおにぎり」

山口県の日本海側沿岸は「北浦」と呼ばれ、古くからワカメの産地として有名。家庭の食卓には、必ずといってよいほど刻んだワカメのふりかけが並ぶ。

MESHIKEN まめ知識　広島県のご当地「広島菜おにぎり」に使われる広島菜は、九州の高菜、信州の野沢菜とともに「日本三大漬け菜」として知られています。

おにぎりは、なぜ旨いのか

おにぎりには、茶碗のご飯とは違った旨さがあります。ここではその秘密に迫ります。

日本だから生まれた料理「おにぎり」

そもそも「おにぎり」が日本に存在するのはなぜでしょうか。その答えは米のアミロース量にあります。高アミロースのインディカ米は相対的に粘度が低く、米同士がくっつきにくいのが特徴です。このため、インディカ米をおにぎりにしようと思っても、うまくはいきません。一方、日本で普及している中アミロースのジャポニカ米は、適度な粘度があり、米と米がくっつきやすい特徴を持っています。つまり、ジャポニカ米であれば、ある意味放っておいてもおにぎりになってしまうのです。

また、日本独自に発展した「炊飯」という調理法もポイントです。米の旨みは糠層(ぬかそう)に多く含まれます。その旨みが加えた水分と一緒に米粒の中に閉じ込めて「ご飯」に仕上がることで、それ自体が「うまいもの」となるわけです。他国では米を炊くことはあっても、炒めたり、煮たりして味をつけ、「ご飯」をそのまま食べる習慣はありません。日本の「ご飯」がうまいから生まれたのがおにぎりなのです。

母さんがにぎったおにぎりは、なぜおいしいのか

おにぎりは母の味。今まで食べた中で、一番おいしかったのは？　と聞かれたら、おそ

手のひらで包むようににぎるのがコツ。写真は滋賀県ご当地「日野菜漬おにぎり」。

らく「母親のおにぎり」と答える人も多いことでしょう。もちろん、思い出という隠し味もあります。しかし、もっと根本的な秘密があるのです。それは「圧」と「手塩」。

おにぎりは、にぎってはいけない—　和食の名店「分とく山」総料理長の野崎洋光さんの言葉です。野崎さんいわく「おにぎりをにぎろうと思うと余計な力（圧力）がかかってしまい、米粒の表面がつぶれてしまいます。米と米をやさしく寄せて形づくるだけでくっつくのが日本米です」と話します。また昨今、ラップなどをつかってにぎる人も増えています。衛生面を考えると決して悪いことではないのですが、米の旨みを引き出す塩はおにぎりにとって極めて重要な要素。全体にまんべんなく行き渡らせる、「手塩」の果たす役割は大きいのです。

いい塩梅って、どんな塩梅？

一般的におにぎり1個あたりのご飯の量は、80〜100g程度。米1合を炊くとご飯約320gとなるので、米1合でできるおにぎりは3〜4個となります。では、おにぎり1個あたりに、塩はどの程度使えばよいのでしょうか。「塩ひとつまみ」と「塩少々」。このふたつの違いをパッと説明できる人は料理通です。しかし、うまいおにぎりをにぎるためには、ぜひ覚えていただきたいことなのです。

「塩ひとつまみ」は、人差し指と中指、親指の3本で塩をつまんだ量で、おおよそ1.2g程度。一方「塩少々」は親指と人差し指の2本でつまみ、約0.8g程度となります。ご飯の量に対して塩の量は1％程度が目安。おにぎり1個をごはん80gとすると塩は0.8g、つまり「塩少々」がちょうどよいのです。ただこれは、塩にぎりの基準です。梅

塩分濃度20％の塩水をつくり、片手に2、3回ずつスプレーしてにぎる裏ワザも。

干や塩ザケなど、塩味の強い具材を使う際には少し抑え、行楽時などは少し多めに「塩ひとつまみ」がよいでしょう。

おにぎりの恋人「梅干し」との出会い

日本の梅干しといえば、真っ先に浮かぶのが紀州「南高梅」。2014（平成26）年度の農水省資料によれば、梅の収穫量のうち和歌山県が占める割合は、65％と約3分の2。第2位は群馬県（5％）以下、神奈川、奈良、福井と続きますが、梅の生産は全国どこでも行なわれており、保存食の代表格「梅干し」は全国に根付いています。

では、梅干しとおにぎりの出会いはいつなのでしょう。きっかけは、鎌倉時代の承久の乱です。源頼朝の死後、源家は三代で途絶えてしまいます。1221（承久3）年、混乱に乗じて後鳥羽上皇が挙兵し、朝廷への権力奪還を目論みました。そこに立ちはだかったのは、頼朝の未亡人・北条政子。東国の武士たちに、当時極めて貴重だった米と梅干

MESHIKEN まめ知識　愛媛県宇和島地方では「おたまおにぎり」と呼ばれる、焼き魚などを混ぜたご飯でにぎるおにぎりがあります。「おたま」とは具材を混ぜる時に使う大きなしゃもじのこと。

しを与えるとして20万もの兵を集めることに成功し、朝廷軍を鎮圧しました。いわば政子の愛と梅干しおにぎりが、武士の時代を確立させたといえます。

元祖オイルおにぎり「ツナマヨネーズ」

オリーブオイルにゴマ油、エゴマ油にアマニ油と、近年、油をつかったオイルおにぎりが注目を浴びています。その元祖ともいうべきおにぎりといえば「ツナマヨネーズ」です。

今や梅やサケ、昆布と並び、すっかりおにぎりの定番具材となったツナマヨネーズ。知名度と人気度を考えると、かなり昔から存在するのかと思いきや、その歴史はさほど長くはありません。

1983（昭和58）年、ツナマヨネーズおにぎりを他店に先駆け販売し始め、スターダムへと一気に押し上げたのは、コンビニエンスストアのセブン-イレブン。1978（昭和53）年のおにぎり販売開始から5年、実にエポックメーキングな発明でした。ちなみに、ツナ缶にマヨネーズを加え、ご飯にのせて食べるという原型を考えたのは、「シーチキン（登録商標）」を販売する、はごろもフーズの社員だったそう。いずれも大きな功績であることは間違いないでしょう。

「おにぎらず」「スティックおにぎり」…おにぎりの未来

1991（平成3）年に講談社のマンガ雑誌『週刊モーニング』連載の『クッキングパパ』で紹介され、近年急にブレイクした「おにぎらず」。ご飯で具をはさみ半分にカットした、いわばサンドウィッチのおにぎり版ともいえる形状です。ハムやベーコン、スライスチーズ、レタスといった、従来おにぎりの具材として不向きだった平たい形状の食材を利用しやすく、弁当としての持ち運びやすさもあって、すっかり定番化しつつあります。また最近では「スティックおにぎり」なるものも登場。こちらはいわば、ラップサンドのおにぎり版といえるでしょう。

ここで気がついてほしいのが、サンドウィッチもラップサンドも、ベースは「パン」であること。ツナ、ハム、チーズといった、少なくともパンに合う具材はすべて、おにぎりに合わせることができるのです。言い換えれば、おにぎりに合わない具材はこの世に存在しません。形状の変化を遂げながら、おにぎりは進化し続けるのです。

おにぎりでダイエット!?

ダイエットの天敵といえば糖質。糖質の固

近年注目されている「おにぎりダイエット」は肉類、魚類を食べずに、おにぎりと野菜、味噌汁を食べ続けるというものです。具は梅、おかか、昆布などシンプルなものを選ぶのがポイント。

彩り豊かな「おにぎらず」は、お弁当に便利。

まりといえば炭水化物。炭水化物の固まりといえば、おにぎり――。おにぎりはとかく「ダイエットの大敵」と敵視されがちです。しかし、ここには大きな誤解があります。

まず、米は小麦と比べ、1食あたりの糖質摂取量が相対的に低くなる傾向があります。また、日本人を含むアジア人は、体質的に米の糖質は燃焼しやすく、小麦の糖質は燃焼しにくいのです。少なくともアジア人にとって米は小麦に比べ太りにくい穀物なのです。

また、ご飯の糖質・デンプンにも秘密があります。米のデンプン質は、生米の状態ではβデンプンと呼ばれる状態で、体内で消化吸収しにくいもの。これを加熱調理（炊飯）すると、βからαデンプンへと変化（α化）し、消化吸収しやすいご飯となるのです。一方、おにぎりは冷めて食べるケースも多いです。実はご飯が冷めると、デンプンはαからβへと再度変化します。このため、冷めたおにぎりは炊きたてご飯よりも消化吸収しにくく、結果、満腹感があっても糖質が吸収されにくい。つまり冷めたおにぎりは、太りにくいのです。

ちなみに、おにぎりを温め直すとαデンプンに再変化するので注意しましょう。

海外から見る「onigiri」

寿司、天ぷら、カレーにラーメン。和食が世界を席巻していますが、おにぎりも例外ではありません。訪日外国人のおにぎり人気は言わずもがな。もともと米食文化が根付いているアジア圏ではコンビニエンスストアを中心に、欧米諸国では日本人が経営するおにぎり専門店も増え、世界各国でおにぎりを味わう機会も増えています。

実はこの背景にあるのが、外国人に評価の高い日本の「アニメ」なのです。日本のアニメには、随所におにぎりが登場します。アニメと和食。一見すると相反する文化のように思えますが、実はおにぎりが両者を繋いでいるのです。海外から見ると「onigiri」は、親しみやすい日本文化そのものなのです。

2015年「ミラノ万博」でも、おにぎりは外国人に大人気でした。

第4章 おにぎり――日本人のソウルフード――

MESHIKEN まめ知識 　神話の里としても名高い宮崎県高千穂地方では、乾燥させたトウキビの実をひき割りを混ぜてご飯を炊いた「とうきびおにぎり」が食べられています。

日本全国ご当地おにぎり

日本全国には、その地域の人しか知らない「ご当地おにぎり」が数多く存在します。特徴的なものをいくつかご紹介。

おにぎりの具が おにぎり!?

宮城県気仙沼地方で、古くから作られている「ワカメおにぎり」。まず通常のおにぎりの1/4程度のご飯をにぎり、のりでくるんでミニおにぎりを作り、まわりをご飯で包むようににぎってできあがり。三陸地方はワカメの一大産地なので、ご飯はワカメご飯にしてにぎるのが定番。外側にのりを巻かないのは、恐らくこの地方ではのりが貴重だったためと考えられます。

のりではなく 「とろろ昆布」を巻く

昆布の産地といえば、国内の約9割を占める北海道。一方、昆布消費量日本一は富山県富山市です。江戸時代に「北前船」の中継地として栄えた富山で昆布食文化が開花。現在でも日常的に昆布が食べられていて、昆布で巻くおにぎりはこの土地のスタンダードです。

シンプルな梅干し入りおにぎりが好まれ、県内のコンビニエンスストアでも「とろろ昆布巻きおにぎり」が人気商品となっています。

生まれは三重県、 育ちは名古屋

「天むす」の発祥は三重県津市の「千寿本店」。昭和30年代初めにまかない用に作ったものが商品化されました。当初は門外不出のレシピでしたが、名古屋にあるお店に教えたことで一気にブレイク。いつの間にか名古屋グルメになりました。ちなみに「名古屋名物エビフリャー」も、もともと名古屋の方言にはなく、タモリがネタとして言い続けたものです。

博多の〆は、 うどんとおにぎり

博多といえば日本屈指の食の街。全国的にはラーメンのイメージが強いですが、地元の人に愛されているのはうどん。そしてうどん屋さんにはかならずといっていいほど「かしわおにぎり」があり、このふたつをセットで食べるのが定番です。九州北部の郷土料理「鶏料理」が起源で、駅弁として誕生した「かしわめし」から転じて福岡県内に広まったとされています。

第5章

ご飯の栄養と食育

ご飯を食べると脳の働きがよくなる──。こんなにも生活に身近な存在だからこそ、しっかりと知っておきたいご飯の栄養。この章では、お米の構造や栄養、より栄養価を高める食べ方、子どもにとってご飯の存在とは、などお米やご飯の栄養と食育について学びます。

米の分類

❶ 精白米

●うるち米、ジャポニカ米

　精米とは、籾から取り出した玄米から糠層（果皮から糊粉層まで）と胚芽を削り落として白い米にする作業を指し、「精白米」はその作業によってできた白い米のこと。現代の日本人が一般的に食べています。精米すると玄米の約90％の重量になり、糠層に多く含まれる食物繊維を取り除くため、精白米の消化吸収率が高く、甘みやもっちり感があります。

　日本で栽培される多くの米が「ジャポニカ米」であり、形状は丸みのある楕円形。熱を加えると粘り気とつやが出るのが特徴です。

　うるち米は15〜35％のアミロース（デンプン成分）を含み、もち米と区別されます。

●インディカ米

　「インディカ米」はインド、タイ、ベトナム、中国、アメリカ南部など、高温多湿な地域で栽培されている米。世界で生産される米の約8割を占め、日本や韓国などの一部を除いたほとんどの国では、米といえばインディカ米を指します。ジャポニカ米より細長い形状です。

　粘り気が少ないのが特徴で、日本では「パサパサしている」という印象がありますが、「炊く」のではなく「煮る」調理法が一般的。日本のように米単体で食べられることはなく、ピラフやパエリアなどほかの食材とともに調理されたり、カレーなどのスパイスを効かせた料理とともに食べられたりしています。

❷ 七分づき米

　分づき米は、玄米から精米する際に、玄米の糠層（果皮から糊粉層まで）と胚芽の一部を残した米のこと。「七分づき米」は、糠層と胚芽を7割ほど取り除いた米を指します。七分づき米は精白米に近い白さを保ち、栄養が豊富な胚芽の一部が残っています。そのため、白米に比べてやや硬く歯ごたえがあるものの、白米に近い甘みを保っており、食べやすいのが特徴です。

　糠層と胚芽の一部が残るため、浸水時間は精白米より長めの2時間程度（季節・水温・好みによって異なる）。白米に比べて鮮度が落ちやすいので、冷蔵庫で保管します。

❸ 半づき米

　「半づき米」は、玄米から精米する際に、糠層と胚芽を5割ほど取り除いた米のこと。胚芽部分はほぼ残るため、精白米に比べて栄養が豊富で、ビタミンB1は約5倍、ビタミンEは約8倍含まれます。やや茶色がかった色合いで、炊くと玄米の香りが感じられます。

　浸水時間を精白米より長めの2時間以上とし、炊飯時の水量も2割程度多くするのがよいとされます（季節・水温・好みによって異なる）。炊飯後に長時間保温すると、ぬか臭さが出て変色しやすい弱点も。白米に比べて鮮度が落ちやすいので、冷蔵庫で保管します。

日本では縄文時代末期〜弥生時代に作られてきたと考えられている米ですが、私たちが主に食べている精白米が一般的に食べられるようになったのはわずか100年あまり。精米技術の発達とともに、食品の機能性研究により、精白米・玄米のほか分づき米や胚芽精米、発芽玄米も注目されています。

❹ 玄米

「玄米」は、脱穀した米から籾殻だけを取り除いた米を指します。明治時代以降に精米技術が普及するまでは、玄米を食べるのが一般的でした。近年の機能性食品研究によって玄米の糠層や胚芽部分の栄養価が解明されるようになり、精白米に比べて脂質、食物繊維、ビタミン、ミネラルが豊富です。

糠層がそのまま残っているため精白米に比べて硬く、食べにくさもあります。そのため玄米の浸水時間は、夏は3時間以上、冬は8時間程度で、水の量も2倍程度と多めに浸けておく必要があります。

❻ 胚芽米

胚芽米は、糠層を取り除きながらも、胚芽部分を残すという特殊な工程で精米された米を指します。農水省「玄米及び精米品質表示基準」では、「胚芽を含む精米の製品に占める重量の割合が80％以上のもの」が胚芽精米とされます。

糠層は取り除かれているため硬さや食べにくさは少なく、精白米に近い白さや、粘り、甘みなどのおいしさを保ち、消化吸収率が高く、胚芽の栄養価が残されています。

胚芽にはビタミンおよびミネラルが豊富に含まれており、なかでもビタミンB_1とビタミンEが胚芽に多い成分です。

❺ 発芽玄米

玄米を水に浸け、わずかに発芽させたものを「発芽玄米」といいます。芽が0.5〜1ミリ程度発芽することにより酵素が活性化され、新芽の成長に必要な栄養素が増加します。

特にギャバ（γ-アミノ酪酸・P88）が精白米の10倍程度と、突出して多く含まれます。ギャバは中枢神経で働く神経伝達物質で、神経を静める作用や血圧低下作用などの研究報告があります。

発芽によって玄米に比べて表皮が柔らかくなっているため、精白米のように炊飯しやすいという利点があります（炊飯方法は商品によって異なります）。

米の構造

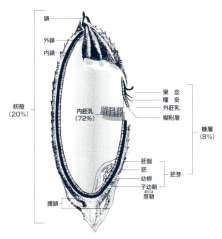

出典：「医と食」5（3）2013 より

うるち米はアミロペクチンに加えて15〜35％のアミロースを含むのに対し、もち米はアミロペクチンのみで構成されています。このアミロペクチンが米や餅の粘りのもと。

米の栄養成分

米の栄養成分　※日本食品成分表 2015 より改変

食品番号	食品名	廃棄率	エネルギー		水分	たんぱく質	アミノ酸組成によるたんぱく質	脂質	トリアシルグリセロール当量	炭水化物	利用可能炭水化物（単糖当量）	食物繊維			無機質						
												水溶性	不溶性	総量	ナトリウム	カリウム	カルシウム	マグネシウム	リン	鉄	亜鉛
		%	kcal	kJ	g										mg						
01080	玄米	0	353	1476	14.9	6.8	5.9	2.7	2.5	74.3	78.4	0.7	2.3	3.0	1	230	9	110	290	2.1	1.8
01081	半つき米	0	356	1489	14.9	6.5	(5.6)	1.8	(1.7)	75.9	81.5	0.4	1.0	1.4	1	150	7	64	210	1.5	1.6
01082	七分つき米	0	359	1502	14.9	6.3	(5.4)	1.5	(1.4)	76.6	83.3	0.2	0.7	0.9	1	120	6	45	180	1.3	1.5
01083	精白米、うるち米	0	358	1498	14.9	6.1	5.2	0.9	0.8	77.6	83.1	Tr	0.5	0.5	1	89	5	23	95	0.8	1.4
01151	精白米、もち米	0	359	1502	14.9	6.4	5.6	1.2	1.0	77.2	77.6	(Tr)	(0.5)	(0.5)	Tr	97	5	33	100	0.2	1.5
01152	精白米、インディカ米	0	369	1543	12.2	7.5	—	0.8	—	79.1	—	0	0.4	0.4	1	69	5	19	90	0.6	1.5
01084	はいが精米	0	357	1493	14.9	6.5	—	2.0	1.9	75.8	79.4	0.3	1.0	1.3	1	150	7	51	150	0.9	1.6
01153	発芽玄米	0	356	1488	14.9	6.5	5.4	3.3	2.8	74.3	76.2	0.5	2.6	3.1	3	160	13	120	280	1.0	1.9

精米によって変わる栄養価

100g当たりの量で玄米がもっとも少なく、分づき米、精白米になるにしたがって多くなっていくものは、エネルギーと炭水化物。これらは米のデンプン質によるもので、胚乳部分に主に含まれているためです。

しかし、炭水化物の中の食物繊維総量を比べると、玄米のほうが7.5倍も多く含まれています。玄米の糠層には、食物繊維の中でも不溶性の食物繊維が多く含まれ、不溶性食物繊維は胃や腸で水分を吸収して便のかさを増やし、腸の蠕動運動を活発にします。食物繊維をはじめ、無機質（ミネラル）・ビタミン

ひと粒のお米でも玄米、分づき米、精白米で、その栄養価が異なります。
精米することで取り除かれる胚芽と糠層にも、さまざまな栄養成分が含まれるためです。
ご飯茶碗1杯（150g）×1日〇食×365日×〇年…と考えると、
この差は次第に大きくなることが予測できます。

第5章 ご飯の栄養と食育

可食部100g当たり																		
無機質						ビタミン												
銅	マンガン	ヨウ素	セレン	クロム	モリブデン	A				D	E	K	B_1	B_2	ナイアシン	B_6	B_{12}	葉酸	パントテン酸	ビオチン	備考
						カロテン		β-クリプトキサンチン	β-カロテン当量	レチノール活性当量		トコフェロール※									
						α	β														
mg		μg				μg					mg	μg	mg					μg	mg	μg	
0.27	2.06	Tr	3	0	64	0	1	0	1	Tr	(0)	1.4	(0)	0.41	0.04	6.3	0.45	(0)	27	1.37	6.0	うるち米
0.24	1.40	Tr	2	0	76	(0)	(0)	(0)	(0)	(0)	(0)	0.9	(0)	0.30	0.03	3.5	0.28	(0)	18	1.00	3.5	うるち米 歩留り：95～96%
0.23	1.05	0	2	Tr	73	(0)	(0)	(0)	(0)	(0)	(0)	0.4	(0)	0.24	0.03	1.7	0.20	(0)	15	0.84	2.9	うるち米 歩留り：92～94%
0.22	0.81	0	2	0	69	(0)	(0)	(0)	(0)	(0)	(0)	0.1	(0)	0.08	0.02	1.2	0.12	(0)	12	0.66	1.4	うるち米 歩留り：90～91%
0.22	1.30	0	2	16	39	(0)	(0)	(0)	(0)	(0)	(0.2)	0.12	0.02	1.6	(0.12)			(12)	(0.66)	(1.4)	歩留り：90～91%	
0.21	0.92	-	-	-	-	(0)	(0)	(0)	(0)	(0)	(0)	0.1	(0)	0.06	0.01	1.1	0.08	(0)	16	0.69	-	歩留り：90～91%
0.22	1.54	0	2	Tr	57	(0)	(0)	(0)	(0)	(0)	(0)	1.0	(0)	0.23	0.03	3.1	0.26	(0)	18	1.00	3.3	うるち米 歩留り：90～93%
0.23	2.07	-	-	-	-	(0)	(0)	(0)	(0)	(0)	(0)	1.5	(0)	0.35	0.02	4.9	0.34	(0)	18	0.75	-	うるち米 試料：ビタミンB_1強化品含む

※ビタミンEは、トコフェロールα、β、γ、θの合計値

類は、糠層と胚芽に主に含まれているため、精白米に比べて、分づき米、胚芽精米、発芽玄米、玄米に多くなっています。

特筆すべき差はビタミンB_1。「江戸煩い」と呼ばれた手足のしびれ・むくみなどが起こる病気「脚気」は江戸～大正時代に流行しましたが、玄米から白米を食べるようになったことにあり、糠層と胚芽を取り除いたことによるビタミンB_1不足が原因と、後に判明しました。

また、胚芽部分に多く含まれると推測されているビタミンE（化学名：トコフェロール）は、ギリシャ語で「子宝」の意味があり、老化防止のビタミンといわれています。

MESHIKEN まめ知識　玄米から削られた糠にはビタミンB1が豊富。生野菜を糠漬けにすることで、ビタミンB1は2.5～10倍アップするともいわれています。精白米のおにぎりには糠漬けをプラス！

注目される
全粒穀物の効果

体内を通り抜けるだけで作用する「食物繊維」

　全粒穀物(ぜんりゅうこくもつ)の黒い部分は、主に植物の細胞壁と胚芽。野菜などの食物繊維はこの細胞壁を食べているわけですが、全粒穀物の食物繊維は、セルロース、ヘミセルロース、β-グルカンという成分です。

　その働きはさまざま。まず、口腔内でよくかまなければならないため、かむ回数を増やし、脳や消化器系への刺激をもたらします。次に、胃の中に長くとどまって、腹持ちが良くなる効果や、コレステロールや血糖値の急激な上昇を抑える働きがあります。

　小腸を通過する際に、物理的な刺激を与え、大腸では腸内細菌の餌になります。腸内細菌によって食物繊維の発酵が始まり、pHが下がることで有害菌は増殖できず、善玉菌が増殖します。善玉菌が食物繊維を発酵させる条件となる短鎖脂肪酸(たんさしぼうさん)は、消化管ホルモンの分泌を促し、消化器系臓器の活動を活性化させ、消化液の分泌を調節してくれます。この中には、インスリンの分泌を促進するGIPやGLP-1といった、消化管のペプチドホルモンの分泌を促進するという大切な働きがあり、食物繊維自体が糖代謝に関わっていると考えられています。

　さらに消化管を通して、満腹中枢への伝達を行うホルモンを刺激するなど、食物繊維が消化管を介して多彩な機能を持っているのです。

　最近の研究では、食物繊維が発がん物質などを吸着し、排泄する効果もあると考えられています。同じように、ミネラルであるカルシウムやマグネシウムを体外に排出するのではないかと考えられていましたが、ミネラルの過剰摂取の場合には、余分なミネラルを排出し、適量摂取の場合にはむしろ短鎖脂肪酸の発生によりpHが下がることで、ミネラルの腸管吸収を高めます。

食物繊維たっぷりのもちアワ入りの玄米ご飯。

全粒穀物の構造（麦の例）

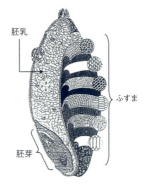

胚乳
ふすま
胚芽

出典：Slavin J. Whole grains and human health.
Nutrition Research Reviews 2004 ; 17 : 99-110.
Reprinted with permission.

全粒穀物とは、精白などの処理で、糠となる果皮、種皮、胚などを取り除いていない穀物。玄米、玄米を発芽させた発芽玄米、ふすまを取っていない麦、オートミール、挽きぐるみのソバなどがあります。最新の研究で、精米や製粉で捨ててしまう部分に機能性成分や栄養素があることがわかり、全粒穀物に注目が集まっています。

全粒穀物に含まれる食物繊維は、他の栄養素と違って体内で吸収されませんが、相互作用を発揮することによって、大腸がんや脂質異常症、肥満、糖尿病などの生活習慣病の予防に期待されています。

発芽のために備えられた豊富なビタミンやミネラルと酵素

全粒穀物の黒い部分は、米でいうならば米糠の部分。これまでこの部分は精米によって削られていましたが、ビタミンB₁、B₆や鉄やマグネシウム、亜鉛、銅、セレンが豊富です。これらは発芽のために準備されており、白米の部分（胚乳）のデンプンを分解するときに使われるもの。デンプンは分解されるとエネルギーになって、どんどん稲を大きくしていきます。このことから、玄米や全粒穀物は、一粒で「生命」として完結しているといえます。

エネルギー代謝やたんぱく質代謝に欠かせない栄養素であるビタミン、B₁、B₆、骨の健康を保つマグネシウムや貧血を防ぐ鉄など、豊富なビタミンとミネラルが、これまで捨てていた糠層、麦の胚芽やふすま（胚芽を取り除いた部分）の部分に含まれているのです。

全粒穀物の有用性は世界的に認知されています。例えば、2011（平成23）年にUSDA（米国農務省）から発表された「My Plate」には、「穀物の半分は全粒粉をとりましょう。精製された小麦粉や白米をとる代わりに、全粒粉や精白されていない玄米を増やしましょう」と書かれています。米を主食としないアメリカで、食事の際に玄米を増やすように提唱されているのが驚きです。日本では、まだ玄米を用いた栄養ガイドラインは出ていませんが、こうしたさまざまな機能が明らかとなり、玄米などの全粒穀物の人気も高まっています。白米に何割の雑穀、または玄米を混ぜるのが望ましい、といった指針が出るのも時間の問題かもしれません。

写真：圧力鍋で玄米を炊いて職場でお昼ごはん（「医と食」編集部より提供）

平成26年国民健康・栄養調査の食品別の食物繊維摂取量によると、日本人は白米からの摂取量が3g程度と最も高く、米が日本人の食物繊維供給源となっているのがわかります。

USDAから発表されたMy Plate（2011）

「マイプレート（My Plate）」は、米国農務省（USDA）が定めた、健康的な食生活を促進する米国人向けの食事ガイドライン。肥満や生活習慣病を予防・改善するために、どのような食事をすればよいかを、記号（アイコン）で視覚的に表しています。

丸い1枚の皿を4つのグループに分け、そこに盛った食品の量でバランスを示しています。具体的には、お皿の半分に野菜と果物があり、残る半分がたんぱく質となっています。皿の脇に添えられているのは、乳製品をあらわす飲み物。食事ガイドラインでは、野菜、果物、全粒粉、たんぱく質、乳製品の食品群をバランスよくとることを勧めています。

国立がんセンターなどが、日本人5万人を追跡した調査結果によると、白米を1日3〜4杯以上食べている女性は、1日1杯以下の女性に比べて糖尿病の発症リスクが1.5倍前後も高いそう。

栄養価の高い米

おいしさと健康増進を両立する米

　米の品種は色や形状に大きな違いがあり、もちろん特性も異なります。

　例えば「秋雲(あきぐも)」「夏雲(なつぐも)」は、もち米とうるち米の中間的な米で、主に関東地方で流通する「ミルキークイーン」が有名です。色米は抗酸化性があることで知られています。「赤米」にはタンニン系、「黒米」にはアントシアニンと、それぞれポリフェノールが含まれており、活性酸素の働きを抑制する働きがあります。「越車(こしぐるま)」は胚芽が大きいのが特徴。胚芽に含まれるビタミンEが豊富なほか、精神を安定させたり、脳細胞の代謝を促したりするギャバが豊富です。

　このように、多種多様な米の世界で、いま注目されているのが栄養価の高い米です。

　栄養価の高い米を生み出すためには、さまざま手法がとられます。例えば、東洋ライス株式会社が開発した「金芽米(きんめまい)」は、胚芽の口触りの悪い部分のみを取り除き、旨み成分の亜糊粉層(あこふんそう)を残すという精米手法で作られます。キッセイ薬品工業株式会社などが扱う「低たんぱく米」は、乳酸菌や酵素を使って米からたんぱく質を取り除き加工します。

　ここでは、このような栄養や機能性に注目し開発された米を紹介します。

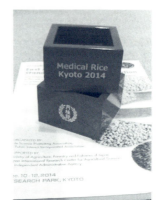

栄養価の高い米は「MEDICAL RICE（メディカルライス）」と呼ばれ注目されています。

「金芽ロウカット玄米」のパックご飯発売記者会見で（2015年12月）。

金芽米の構造

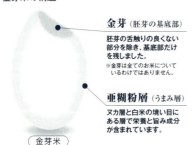

金芽（胚芽の基底部）
胚芽の舌触りの良くない部分を除き、基底部だけを残しました。
※金芽は全てのお米についているわけではありません。

亜糊粉層（うまみ層）
ヌカ層と白米の境い目にある層で栄養と旨み成分が含まれています。

世界に誇る精米技術の高さから改発された新しい概念のお米、金芽米。

小麦にはない米の特徴は、品種の多様性です。日本の品種だけでも600種、世界では野生種も含め10万種あるともいわれています。
現在、それぞれの米が持つ特徴に着目して、より栄養価の高い品種の開発や研究が進んでいます。

❶ 「金芽米」「金芽ロウカット玄米」
新しい精製法でよりおいしく、より健康に

　金芽米は、特別な精米製法によって、完全食材と言われる玄米の栄養を残した白米です。特長は、従来の白米では精米時に糠と一緒に取り除かれてしまっていた亜糊粉層を残していること。亜糊粉層は、糠層とデンプン層の間にある数ミクロンの部分で、栄養価が高く、上質な甘みと旨みの元となるオリゴ糖やグルコースなどが豊富に含まれています。

　ダイエットなどで不足しがちなグルコースは体の重要なエネルギー源の役割を担いますが、中でも脳に必須なエネルギー源として知られています。

　また、金芽米の製法を応用し、玄米の食べにくさの原因だった玄米表面にある「ロウ層」を均等に除去（カット）してつくられるのが、「金芽ロウカット玄米」です。玄米の豊富な栄養は残しながら、白米と同様に簡単に炊けて、ふっくらとしたおいしさを味わうことができます。

❷ 「発芽米」
便秘解消やアンチエイジング効果にも期待

　そのままでは硬い玄米を、食べやすいよう少しだけ発芽させたお米です。発芽するときに作用する酵素の働きで糖質が分解されて甘みが増し、たんぱく質が分解されて旨み（アミノ酸）が増しています。腸内環境を整える食物繊維が白米の約6倍含まれるので、便秘に悩む方にもおすすめ。白米から摂るのが難しいといわれる様々な栄養素を含んでおり、更年期障害など年齢とともに気になる悩みの改善が期待できるといわれるフェルラ酸や、紫外線対策にも効果があるといわれるオリザノールを豊富に含んでいます。

❸ 「芽吹き米」
玄米の栄養素そのままに、白米のように美味

　白米のようにおいしく軟らかいのに、玄米よりビタミン、ミネラル、食物繊維などの栄養価が高い発芽玄米が「芽吹き米」です。中でも、ギャバ（P88）が従来製法の発芽玄米の約2倍、白米と比べると約23倍にのぼります。玄米を食べたいけど、匂いやぼそぼそとした食感が苦手、胃腸が弱く玄米を食べると消化不良を起こしやすいという方におすすめです。

　芽吹き米を発芽させると、玄米内部でデンプン分解酵素やたんぱく質分解酵素など、いろいろな酵素がつくられます。そのため、ほんの少し発芽させただけで高い栄養価が得られます。玄米の皮と胚芽が軟らかいので白米のようにかみ心地が良く、消化吸収されやすいのが特徴です。原料は有機米なので、化学肥料を摂取してしまう心配をせず食べきることができます。

MESHIKEN まめ知識　麦芽糖の甘味度は、砂糖の主成分であるショ糖の35％程度とされます。ご飯をよくかんでも甘みが過度に感じられないのはそのためです。

第5章｜ご飯の栄養と食育

❹「低たんぱく米」
腎臓病など、たんぱく質制限の食事療法に

　腎臓病や糖尿病などを患う人向けのお米で、必要摂取エネルギーはそのまま、お米のたんぱく質をカットしています。それにより、腎臓や肝臓にかかる負担を減らし、病気の進行を遅らせることが期待できます。

　キッセイ薬品工業の「ゆめごはん」やホリカフーズの「PLCごはん」は、普通のお米と比べ、たんぱく質を3分の1から35分の1までカットしています。主食のたんぱく質を抑えられる分、植物性よりたんぱく質の品質が高い動物性たんぱく質（肉、魚、卵など）の量を増やすことができます。

　食事の質を維持できるので、食事療法が続けやすくなります。リンやカリウムも低減され、主に治療用として利用されています。食事療法に必要なたんぱく質、リン、カリウムなどの成分値がきちんと表記されており、栄養素の計算がしやすいという点も便利です。

❺「超硬質米」
硬いお米をおいしく食べるために研究中

　お米に含まれるデンプンにはアミロースとアミロペクチンの2種類があり、アミロース含量が低いお米は柔らかく粘りが強く、高いお米は硬く粘りが弱くなります。「超硬質米」は現在、複数の大学が共同研究を進めている新品種米で、高アミロース米よりもさらにアミロースが高いものです。食べても7割程度しか消化されないデンプンを含んでいるため、ダイエット効果が期待されています。

　その理由は、普通のお米には約1％しか含まれていないレジスタントスターチを、30％も含有しているため。体内での糖化が進みにくく、ゆっくりと消化吸収されるので、食後血糖値の上昇を抑えてくれ、肥満や糖尿病の方の食事にも向いています。

　しかしその名の通り、炊いてもとても硬く粘りが弱く、おいしく食べることができません。そのため、米粉に加工し、米粉パン、米粉麺、米菓などの製造法の研究開発が続けられています。

❻「巨大胚芽米カミアカリ」
大きな胚芽が特徴。玄米食専用米の新品種

　1998（平成10）年、静岡県の有機栽培米生産者がコシヒカリの田んぼの中で発見した巨大な胚芽を持つ突然変異株を、7年掛けて育種した新種のお米が「カミアカリ」です。通常の3倍という大きな胚芽を持ちますが、精米するとせっかくのその胚芽がとれてしまいます。このため、栄養分をあますことなく摂取できるように、玄米のみが販売されています。

　特徴は、巨大な胚芽から生まれるプチプチ、しゃきしゃきとしっかりした食感と、コシヒカリの持つ際立った甘み、かむたびに増す滋味深さです。

　デリケートな性質のため、栽培地や生産者により品質の違いが現れやすいといわれています。

米の食育

第5章 ご飯の栄養と食育

ご飯よりパン、パスタが好き。そんな日本人が増えていることは財務省の家計調査からも明らかですが、海外では米を中心とした和食のニーズが高まっています。かむこと、そして栄養の視点から、改めて米の魅力を探っていきます。

しっかりかむことで、安全とおいしさを確認する

かむことは大事。子どものころから両親や祖父母、学校の先生にそう言われ、幼少期には「いち、にー、さん、しー」と数えながらモグモグと、しっかりかんだ記憶がある人も多いはず。しかし大人になると、日々の忙しさもあって「かむ」ことに意識がまわらない、気にすることもなくなっている人も多いでしょう。

穀類と魚介類・肉類・卵・大豆（大豆製品）と野菜を組み合わせて食べる者の割合
平成25年国民健康・栄養調査より

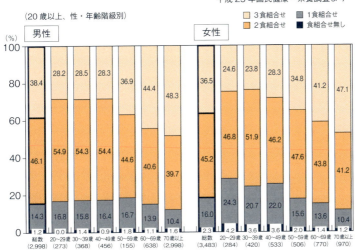

※「穀類と魚介類・肉類・卵・大豆（大豆製品）と野菜を組み合わせて食べる」とは、いずれの食品群も摂取することとした。摂取量については考慮していない。
※欠食者を含む。

生活習慣病予防のための栄養バランス確保の観点から、主食・主菜・副菜を組み合わせて食べることは大切です。この調査では3食ともに組み合わせている人は、男性38.4％女性36.5％。この割合は男女ともに若いほど低いという傾向がありました。

MESHIKEN まめ知識　高齢者の食事の基本は、適切なエネルギー摂取です。お米を中心に、たんぱく質や野菜をとる食事は「低栄養」になりづらく、虚弱や筋肉の崩壊を防止します。

現代は食品そのもの（特に加工食品）が軟化しており、かむ回数が少なくて済んでいるのも事実。もともと柔らかいプリンでさえ、昭和時代のものに比べればずっと滑らかで、口どけがよいものがほとんど。硬いものの代表であるせんべいも、歯がたたないと感じられるほどの商品は少なく、サクサクな食感が人気です。

そもそもかむことには、どんな意味があるのでしょうか——。かむことと全身機能の関連を中心に研究している日本咀嚼（そしゃく）学会では、咀嚼とは「口に取り込んだ食物をかみ砕くこと」で、食物を口から取り入れる最終目的は栄養の取り込みであるとし、かむこと（咀嚼）は「食物を飲み込み（嚥下（えんげ））に適した性状にするためにかみ砕き、唾液と混ぜる口腔・顔面の機能」としています。

さらには「固形物を食べる際は、かんで性状を調べる動作に、おいしさを感じる秘密が隠されて」おり、咀嚼の重要な意義のひとつは「口の中で食物の安全を確認すること」と表現しています。

したがって、かむ回数が少なくて済むようなやわらかい加工食品や消化のよい食物が増えても、かむという行為によって「口の中で食物を移動させることが必要」で、それにより食べ物に混入してしまった異物や腐敗のシグナルも感知できるというのです。

かむことの効用を示した標語

- ひ…肥満の予防
- み…味覚の発達
- こ…言葉の発音がはっきり
- の…脳の発達
- は…歯の病気を防ぐ
- が…がんの予防
- い…胃腸の働きを促進
- ぜ…全身の体力向上と全力投球

子どもたちにかむことの大切さを伝える標語「卑弥呼の歯が良いぜ」学校食事研究会より

よくかんで食べると、米は甘くなる！

次はかむことと、お米の関係を見てみましょう。

米はその成分のうち約8割がデンプンでできており、かむことによって唾液が生じ、唾液に含まれる消化酵素の唾液アミラーゼの働きで、デンプンがマルトース（麦芽糖）に分解されるため、炊いたご飯をしっかりかむと甘く感じられるようになります。

食物に含まれるデンプンやたんぱく質などの高分子は、唾液をはじめ胃液、膵液（すいえき）などによって麦芽糖やポリペプチド（ばくがとう）といった小さな分子に分解されることで、消化され吸収されます。つまり、かむことによって消化が早まり、消化器官への負担が小さくなります。

内閣府が作成した食育英文パンフレット「What We know From Shokuiku The Japanese Spirit -Food and Nutrition Education in Japan-」より

また、パンや麺類といった加工された主食よりも、粒のまま食べる米はかむ回数が自然と増えます。パンの柔らかさや、パスタやうどん、ラーメンなどのつるつる感と比べれば、米のかむ回数の多さは簡単に想像できます。

　かむことの効用については、「ひみこのはがいーぜ（卑弥呼の歯が良いぜ）」という標語もあります。卑弥呼が存在したとされる弥生時代には、当然ながらパンやパスタは存在せず、米も精米されたものではないため、かむ回数は現代の６倍以上だったとも考えられています。その点から学校食事研究会ではこの標語を作成し、子どもたちにかむことの大切さをわかりやすく普及しています。

　ちなみに、「ひと口で何回かむのが正しいのか？」という疑問も多いところですが、日本咀嚼学会では、よくいわれる30回という回数はあくまで目安であって、重要なのは「安全に飲み込めること」。「食品によっても健康状態によってもかむ回数は異なり、かみ過ぎてまずいと感じるのであれば、おいしい範囲で咀嚼するのもよい」としています。

米＝炭水化物は
健康的なカラダの敵なのか？

　近年、「糖質制限」という言葉が流布しており、実際に炭水化物抜きについての書籍や「糖質オフ」といったダイエットや食品が数多く並んでいます。

　炭水化物は米、パン、パスタ、うどん、もちなどの主食となるものに多く含まれていますが、炭水化物には体内で消化されエネルギーとして使われる「糖質」と、体内では消化できずに体外に排出される「食物繊維」のふたつが含まれます。

　糖質は消化の過程でブドウ糖に変換されて、筋肉や脳に送られてエネルギーになります（右図）。食べ物を摂取していない間（例えば寝ているとき）も体を動かすことができるのは、肝臓にグリコーゲンという形でブドウ糖が貯蔵される機能があるから。ダイエット目的の過度な糖質不足は、脳の活動や筋力の低下を招き、より身近なところでいえば、疲れやすさや倦怠感として現れてきます。

　一方、炭水化物に含まれる食物繊維には、毎日の排便を促す働きがあることはご存知の方も多いでしょう。おやつに含まれ

脳と食行動のしくみ

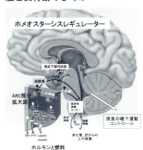

ホルモンと燃料

脳の栄養はグルコース

脳は、神経細胞が直接脳に接して、消化管や肝臓から迷走神経を通して刺激が送られます。これにより満腹感が得られたり、物を飲みこむ動作ができたりするのです。こうした感情や身体の動き、体温や血糖値などの生理的状態を一定に保つ働きをする脳の栄養はグルコース。デンプンを多く含む米、脳の大切な栄養源になっています。

出典：Hans-Rudolf Berthoud
「食行動の原動力：腸脳コミュニケーション」
医と食 Vol.2(1).2010 年

MESHIKEN まめ知識　おにぎりを食べてもっともよく起こる食中毒が、「黄色ブドウ球菌」によるものです。菌が手についた状態でおにぎりをにぎると、時間が経つにつれて増殖し、食中毒を起こします。

る油脂や糖分などでもエネルギーを摂取することは可能ですが、主食としての炭水化物をしっかりとることで、食物繊維の働きも十分に取り込み、腸内環境をよりよくすることができるのです。

ご飯＋おかずの公式が、活力のカギ！

しかし、精製された炭水化物（例えば精白米、そうめん、パン）だけを摂取しても、糖質をエネルギーに変えるビタミンが乏しいのが弱点です。糖質をエネルギーに変えるためには、ビタミンB_1やB_2といったビタミンが必要不可欠で、それらを含む野菜や果物をはじめ、筋肉の維持や免疫力に欠かせないたんぱく質も一緒に摂取する、つまり「栄養のバランスよく食べる」ことで、食事がより効果的に働くようになります。

パンだけ、うどんだけといった単品料理になりがちな主食に比べ、米の場合は「ご飯＋おかず」の組み合わせが基本。朝食には、ご飯に納豆もしくは焼き魚、刻んだ野菜を加えた味噌汁をプラスすれば、たんぱく質とビタミン・ミネラルを同時に摂取できます。もちろん、パン食にも卵やベーコン、サラダを加えれば、たんぱく質とビタミン・ミネラルをとることは可能。しかし、パン自体に食塩やバターなどが（市販品であれば食品添加物も）含まれており、卵料理やサラダのドレッシングなどで油脂類も過度に摂取しがちです。

米を中心とした食卓が子どもの味覚をつくる

幼児期の食事について、お母さんたちから受ける質問で多いのは、やはり味覚のこと。「食べる」ことは、誰もが一生続ける行為だからです。

そして、その基礎になる味覚は、乳幼児期の毎日の食事の積み重ねによって作られます。それを思うと、乳幼児期からの食事はとても大切です。

「おいしい」「好き」と思うものを食べ続けるのが人間の習性ですが、乳幼児期に与え続けるものが「おいしい」「好き」を作りだすとすると、「今の満足」を目標にするべきではありません。その子が「一生健康な生き方ができるための味覚」を作

食育基本法とは

2004年に議員立法として法案が提案され、05年に成立・公布された法律です。そもそも「食育」という言葉を初めて使ったのは、明治時代の医師で薬剤師の石塚左玄。「知育徳育才育は即ち食育なり」と食育を提唱しました。

食育基本法に基づいて策定された「第3次食育推進基本計画」（2016〜20年度）では、「和食」の推進が新しいテーマとなっています。「地域や家庭で受け継がれてきた伝統的な料理や作法を継承し、伝えている国民の割合」を増やすことを目標にしたほか、学校給食でさらに郷土料理を推進するとしています。

また、ひとり親世帯の増加や家族の多様化などが課題となっている社会状況から、1週間で共食（ひとりではなく家族などと食事をすること）する回数目標を11回と定めています。

ることを念頭に入れた「食育」が大切となります。

2005年に食育基本法（P94）が公布され、子どもの健全な心と身体をつくるためには、「知育」「徳育」「体育」と共に「食育」が大切だと位置づけられました。子どものうちは食物の素材の本当に良い「味」を覚えさせてあげましょう。そのためにはまず、穀物や野菜の種類をなるべく多種類、シンプルに食べさせることです。これは、味覚の幅や深みを作るのに大切なことです。そして基本は薄味。甘いものでも、辛いものでも、濃い味が習慣化されないように気をつける必要があります。

こうしたことからも、そもそも淡白な味わいの米は食育にぴったりの食材といえます。ご飯は食事としてそれだけでは完結せず、おかず、汁ものを同時に食べます。また、口のなかでご飯とおかずを一緒に味わう「口内調味」ができるのも大きな特徴なのです。

お母さんが食事の準備をする姿が見える場で、子どもを遊ばせて、料理のいい匂いがしてきたらみんなで食卓の準備する――。「ご飯の時間」は人間にとって栄養確保だけではなく、味覚と嗜好の獲得を通して、大切な未来の身体をも作っているということを忘れずにいましょう。

Shokuiku at school as a basic education of living. Toshiyuki Watanabe. *Shokuiku* eating education. 医と食 vol.2 suppl.（1）2010. より

アミノ酸スコアとは、人間の体を作っている9つの必須アミノ酸（子どもは10個）の量を食品によって点数化したもの。鶏肉、豚肉、卵、牛乳は100、米は67、小麦は37。

米の安全性
豊かな食生活はリスク分散になる

　海外では寿司やおにぎりなど、米を使った日本食が人気となっています。しかし、米の安全性に関して、EU（欧州連合）は2016年1月1日から米に含まれる「無機ヒ素」の最大基準値を設定しました。無機ヒ素の中毒症状は、嘔吐や食欲減退、発疹などですが、もっとも大きな健康被害として知られているのが発がん性です。WHO（世界保健機構）傘下の「国際がん研究機関」（IARC）は、無機ヒ素を5段階の発がん性の可能のうち、もっとも証拠があるとされる「ヒトに対して発がん性がある」とされるグループ1に分類しています*。

　内閣府食品安全委員会では、「日本において、食品を通じて摂取した無機ヒ素による明らかな健康影響は認められておらず、ヒ素について食品からの摂取の現状に問題があるとは考えていない」としています。

　白米に比べて栄養面で優れている玄米ですが、精米しない分だけ白米よりも無機ヒ素を多く摂取することを考えると、1日3食毎日食べ続けることは多少なりともリスクがありそうです。

　リスクはハザード（危険因子）と暴露量（ある物質を吸収したり、吸入したり、触れたりすること）で決まります。今はまだ、リスクを超える玄米のメリットが報告されていませんが、メリットとリスクを天秤にかけて、どのような食べ方が安全で、栄養価が高いのかを考える必要があります。

　また、発がん性の他にも、塩分の摂り過ぎと高血圧・心血管疾患の関係、炭水化物の摂りすぎと肥満・糖尿病の関係、アルコールの摂りすぎと肝障害・肝硬変・肝細胞がんのように、特定の食品の過剰な摂取が、ある病気のリスクを高めることは、広く知られています。つまり、特定のものを食べ続けることはよくないということです。多様な食品で多彩な食事を楽しむことは、健康に対するリスク分散にもつながります。

※ IARCは、WHO（世界保健機構）傘下の、がん研究分野における研究機関。国際協力の促進や、がんの原因の特定により予防措置や病気の負担軽減に役立つことが目的です。物質や作業環境などの様々な要因（ハザード）の発がん性を、グループ1〜4に分類しています。

| 食品のリスク
食品中にハザードが存在する結果として生じる、健康への悪影響が起こる確立とその悪影響の程度 | = | ハザード
（危険要因・危険因子）
ある物が持っている有害性 | | ヒトの身体への吸着量
（ばく露量・摂取量） |

※ハザードとは、健康に悪影響を及ぼす可能性をもつ食品中の生物学的、化学的または物理学的な物質・要因・食品の状態

第6章

米の品種と表現方法

日本で品種登録されているお米は、なんと約600種もあります。「コシヒカリ」や「あきたこまち」など超有名な銘柄だけでなく、さまざまな用途で使われるお米。この章では、お米の品種を学ぶとともに、お米の味わいを表現する方法を紹介します。

世界における日本のお米

　いうまでもなく日本人の主食は「お米」です。世界的に見ても、お米は小麦、トウモロコシと並んで「世界三大穀物」のひとつとされています。ただし、生産量は三つの穀物のうち、最も少なくなっています。

　お米の産地を見渡すと、東アジア、東南アジア、南アジアをはじめ、ヨーロッパやアフリカ、南北アメリカでも栽培されており、私たちが思っている以上に世界各地で広く栽培されているのです。

　特にアジアでの生産量が多く、中国・インド・インドネシアの三カ国で世界の生産量の約60％を占めています。その中で中国はアジアだけではなく、世界の中でも第1位です。

　一方で日本は2013（平成25）年の統計で、第10位にランキングされています。

　ひと口に「お米」といっても、世界には様々なお米があります。

　お米には大きく分けて「ジャポニカ米」「インディカ米」「ジャバニカ米」がありますが、世界ではほとんどの地域で「インディカ米」が栽培されています。

　「インディカ米」は中国南部や東南アジア等で栽培されています。見た目は細長いお米で、炊くとパサパサします。カレーなど汁気の多いおかずや、炒めるなどの調理法に向いているようです。

　私たち日本人の多くの人が食べているお米は「ジャポニカ米」です。「ジャポニカ米」は一般的に粒の形が短くて丸みを帯びていて、比較的粘りのあるお米です。

　お米は日本人にとってなくてはならない大切な食糧ですが、このように世界的に見ると私たちが普段食べているお米は、どちらかというと少数派の食べ物であることが分かります。

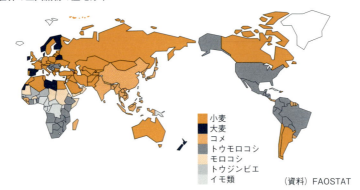

世界の三大穀物の産地分布

（資料）FAOSTAT

日本にはどれだけの品種があるのか①

第6章　米の品種と表現方法

日本のお米の品種数は、国に品種登録されている数が594品種、そのうち主食用とされるのが260品種（水稲・2014年3月31日現在）あります。

普段食べているお米である「主食用のうるち米」、「主食用のもち米」以外にも、「酒造好適米」「米粉加工用のお米」「飼料用のお米」「香り米」「黒米や赤米などの古代米」などいろいろなお米があります。

「主食用のお米」今でも様々な品種が開発され続けていますが、その目的は「味をよくする」だけではなく「暑さに強い」「倒れにくい」「たくさんみのる」など様々です。

「主食用のもち米」あまりなじみがないかもしれませんが、例えば「こがねもち」「わたぼうし」「こゆきもち」「みやこがね」など様々な品種があります。

山形県庄内町にある、亀の尾発祥の地といわれる熊谷（くまがい）神社にある立札。

「酒造好適米」明治の初めには「味の良い三大品種」として広い範囲で栽培されていたお米がありました。「神力（しんりき）」「亀の尾（かめのお）」「愛国（あいこく）」で、今でも少量ですが栽培されています。主に酒米として活用されているようで、そのほか有名なところでは「山田錦（やまだにしき）」「雄町（おまち）」「美山錦（みやまにしき）」「五百万石（ごひゃくまんごく）」などがあります。

酒造用のお米の特徴として、お米の中心部の「心白（しんぱく）」と呼ばれる白色不透明な部分が大きいことなどがあります。しかし主食用のお米、例えば「まっしぐら」や「コシヒカリ」といったお米でもお酒は造られていますので、酒造用米の範囲はほかのお米と比較して、境界線があまりはっきりとはしていません。

なお「亀の尾」の味ですが、今のはやりのお米のように甘みがはっきりと伝わるような分かりやすさはありませんが、じんわりと口の中に広がる旨みが特徴的で、今のお米とはまた違ったおいしさを体験できます。

「香り米」鼻につくような変わった香りのするお米です。有名なところでは、「ヒエリ」という品種があります。高知県などで栽培されています。岩手県では、稲穂の丈の長い「香り米」を、しめ縄用として栽培している地域もあります。

「黒米・赤米」いわゆる「古代米」と称される場合が多いお米です（最近開発された品種もあります）。表面の糠層（ぬかそう）の色素で、白米に色を付ける際に利用します。

まめ知識　稲刈りは雨が降ると中止にします。お米は収穫した後、乾燥機で乾燥させますが、濡れた籾を投入すると機械が正常に作動せず、乾燥に手間と時間がかかるからです。

日本にはどれだけの品種があるのか②

最近では、昔では考えられない用途で開発されているお米があります。

「観賞用のお米」 例えば「西海観246号」や「神丹穂」などです。最近はやりの「田んぼアート」などで幅広く使われています。

「料理に合わせたお米」 例えば「リゾット向けのお米」なるものが開発され、実際に栽培、販売されています。「和みリゾット」といい、イタリアの「カルナローリ」というお米のように、リゾットに適した大粒で粒の胴が太いお米です。

海外のお米と日本のお米を掛け合わせた「華麗米」は、日本米よりも硬めの食感です。その特徴を「カレーに合う」という用途まで含めて、消費者に提案しているのです。

さらにお寿司専用のお米として「笑みの絆」というお米があります。これは白米として食べてもあまりおいしくありませんが、酢で切るとまるで別のお米のように生き生きとしてネタをしっかりと支えてくれます。

「低たんぱく米（P90）」「春陽」「LGCソフト」は、腎臓病などでたんぱく質の摂取を制限をされている人向けです。

「高アミロース米」 デンプン成分のうち、ご飯を硬くするアミロースが多い米で、「夢十色」「ホシユタカ」などがあります。食感はぱさぱさで硬いお米ですが、リゾット、ピラフ、チャーハンといった加工飯米や米粉麺の原料になります。

最近では「花粉症対策用のお米」の開発も進んでいます。実用化はまだ先ですが、花粉症の方にとっては待ち遠しい品種でしょう。

お米はいうまでもなく私たちの命を支える大事な食糧ですが、近年では「主食」や「おいしい」という切り口とはまた別の特徴を持たせた、高付加価値のお米を開発する動きがあります。今までのお米ではあまり見られなかった特徴を引き出し、その特徴を用途までも含めて消費者に提案しているのです。

青森県田舎館村で毎年つくられている「田んぼアート」のひとつ。

生産量の多いお米

第6章 米の品種と表現方法

右上のグラフより、品種別で日本のお米の生産量を見ると、最も多いのは「コシヒカリ」です。コシヒカリは北は秋田県や岩手県、南は鹿児島県と、広い範囲で栽培されています。コシヒカリ自体は実はそれほど栽培しやすいお米ではありませんし、単位面積当たりの収穫量もそれほど多くはありません。それでも日本人好みの粘りと甘みの強い性質から、比較的高い値段で取引されるため、多くの地域で栽培されているのです。

なお、コシヒカリの子ども「ひとめぼれ」、「あきたこまち」、「ヒノヒカリ」、そして、コシヒカリを併せたこの4品種で、なんと全国の生産量の約5割を占めています。

かつてコシヒカリと双璧をなした「ササニシキ」ですが、現在の生産量は全体の1%にも達しません。1993（平成5）年の大冷害により収量が極端に落ち込んだことをきっかけに、生産量は落ちています。

お米は日本全国、それこそ47都道府県すべてで栽培されている、非常に身近でかつ生産量の多い農産物です。右下のグラフの通り、平成27年度の生産量は新潟県ではなく、北海道が1位でした。ここ数年は北海道が1位になることがあります。やや意外かもしれませんが、それほどまでに北海道のお米は大勢の人から評価を得ています。

北海道のお米は、かつてはあまり評判はよくありませんでした。その後、「きらら397」が市場から評価を得ると、「ななつぼし」「ふ

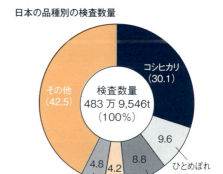

日本の品種別の検査数量

農林水産省「平成27年産水稲の銘柄別検査数量」より

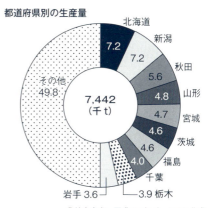

都道府県別の生産量

農林水産省、平成27年データより作成

っくりんこ」「おぼろづき」「ほしのゆめ」など、多くの品種が開発されてきました。寒い地域でも、大勢の人に「おいしい！」と評価されるお米を作り出そうという熱意が「ゆめぴりか」という品種によって結実したといってもいいでしょう。

MESHIKEN まめ知識 明治時代にはすでに欧州向けにお米が輸出されていました。当時は豊作続きで、お米が余っていました。米価はロンドン市場のそれと比較しても安く、採算がとれたのです。

どの地域にどのような
お米があるのか

日本地図と各地域のお米

　日本全国で様々なお米が、その地域性を生かして栽培されています。名前も本当にさまざまです。

　ところで米屋やスーパーなどの店頭をのぞいてみると、いろいろな産地の「あきたこまち」が並んでいることがあります。「あきたこまち」という名前からすると秋田県だけのお米かと思いきや、千葉県、茨城県、山形県、長野県など、さまざまな地域で栽培されています。

　これは、「あきたこまち」の特徴や知名度を勘案して、各都道府県が「売れる」「栽培しやすい」と判断して各都道府県の「奨励品種」に指定しているからです。奨励品種に指定されたお米を栽培すると、政府の買取り価格等で差がつきます。

　このように、各都道府県で開発されたお米でも、その開発した都道府県の方針により各域内だけでのブランド米とするのか、域外での栽培も許可するのか異なります。

　いま、コシヒカリを追いかける代表的なお米「ゆめぴりか」と「つや姫」では、その方針が対照的です。「ゆめぴりか」は道内産というブランドを大切にしています。「つや姫」は県外に出す戦略をとっており、宮城県や島根県でも栽培、販売されています。

お米の系列をたどる

日本ではコシヒカリの生産量がダントツで1位です。そのコシヒカリが生まれるまでの系図が右中の図になります。

この系列図に「亀の尾」があります。「亀の尾」は明治時代に山形県で阿部亀治により育成された品種です。今の時代に広まっているいわゆる「良食味なお米」のほとんどが、この「亀の尾」の血を引いています。

その味もさることながら、病気や寒さにも強いという点も大きな特徴です。「収穫が安定して味もよい」ということで、全国に広まっていきました。

お米に関心のある方からよく出される質問のひとつに、「このお米はコシヒカリ系列ですか？」というものがあります。コシヒカリ系列の代表例としては、「あきたこまち」「ひとめぼれ」「ヒノヒカリ」があります。

逆に「コシヒカリ系列でない」お米としては、「ササニシキ」「朝日」などがあります。こういったお米は、コシヒカリより古いか、同時期に生まれたお米が多いようです。

このように、「コシヒカリ」が生まれて以降のお米品種の勢力図は、圧倒的にコシヒカリ系列が多くなっていることが分かります。

最近は「コシヒカリ」「ササニシキ」といった「カタカナ品種」は、あまり見られません。「ひとめぼれ」や「あきたこまち」などのひらがなのみ、もしくは「つや姫」「夢つくし」などの漢字とひらがなの組み合わせが多くなっています。

かつては都道府県の農業試験場で独自に開発育種した品種はひらがな、国または国が指定した試験場で開発した品種はカタカナによる銘柄表記となっていましたが、最近はその垣根は取り払われているようです。そのため、見た目がソフトな「ひらがな」「漢字とひらがな」品種が増えてきているようです。

コシヒカリが生まれるまでの系列図

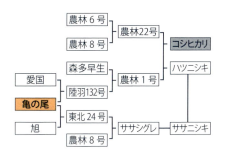

主なコシヒカリ系列のお米

ひとめぼれ／あきたこまち／ヒノヒカリ
つや姫／ゆめぴりか／はえぬき
まっしぐら／こしいぶき

主なコシヒカリ系列ではないお米

ササニシキ／朝日／日本晴
農林一号

2014年の日本の農林水産物・食品の輸出額は、前年比11.1％増の6117億円でしたが、そのうちお米の輸出額は約14億円でした。09年と比較すると約2.6倍に増えています。

近年開発されてきた新顔のお米

　最近、各地で新品種が続々と登場していることをご存知でしょうか？

　少し前にデビューした、「つや姫」「ゆめぴりか」「にこまる」「さがびより」「おいでまい」など。いまではコシヒカリ第二世代と呼ばれる「ひとめぼれ」や「あきたこまち」をも凌駕する勢いです。

　そして2015（平成27）年には青森県から「青天の霹靂」がデビュー。平成28年には岩手県から「銀河のしずく」、そして平成29年には新潟県から「新之助」がデビューの予定です。

　そういった新品種がデビューする背景に、何があるのでしょうか。

　いま、お米の消費量は年々減ってきています。1960年代初頭にはひとりあたり年間120kgのお米を食べていたのですが、今ではその約半分にまで減ってきています。これは人口減に起因するのではなく、日本人の食生活の変遷が大きく影響しています。

　そしてこの状況は、今のコシヒカリのひとり勝ちの状況では打破できていないのです。現状を打開し、もう一度お米に注目してもらうために、各県で新しい品種を開発していると考えられます。

　かわり映えのないお米のラインナップだけでは、話題性が無いのは確かです。米屋どうしの会話ですら、話題にも上らないお米の品種はたくさんあります。

　そしてもうひとつ。日本の農産物を品目別

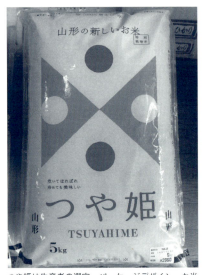

つや姫は生産者の選定、パッケージデザイン、お米マイスターへのヒアリングなど、綿密な販売戦略が立てられていました。

に見たときに、生産額が最も多いのがお米です。つまり経済的波及効果が最も高いのです。

　日本各地で栽培されているお米をテコに、各地域で経済を活性化しようとした、と見るのが自然ではないでしょうか。

　なお新品種の味ですが、お米の味を

①粘りと甘みを重視した品種

②粒の大きさ、主張がはっきりしている品種

と分けた場合、①と②の両方を感じることができるのが「つや姫」「にこまる」「さがびより」「新之助」「銀河のしずく」といったところでしょうか？

お米の味とは何を指すのか①

第6章　米の品種と表現方法

　お米の味は非常に淡白です。そのため「おいしいお米」は分かるのですが、「品種による味の違い」や、「自分はお米の何をもってして『おいしい』と感じるのか」といったことが分からない場合が多いようです。

　お米の味を評価する方法はいろいろとありますが、ひとつの事例を紹介します。

　評価の切り口は次の8つです。

　「におい」「見た目」「粘り」「硬さ」「旨み」「甘味」「食感」「のどごし」。

　それぞれの項目ごとに5段階評価を行います。このように切り口ごとに点数化することにより、お米の特徴をより正確にとらえ、かつ他人に分かりやすく伝えることができるのです。

※当該切り口はあくまでも一事例です。こういった切り口は人によって異なると思いますので、自由に設定してもいいでしょう。

　また、さらにグラフにしてみると、自分がどういったお米が好みなのか、目に見えるようになるのです。

お米の食味のチャート図（「朝日」の事例）

お米の食味のチャート図（「つや姫」の事例）

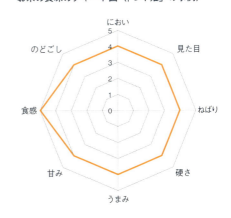

●それぞれの切り口の定義

におい…嗅いだ後に感じる甘味
見た目…照り、粒の大きさ、割れの有無
ねばり…奥歯で感じるひっつき具合
硬さ…自分基準から硬いか柔らかいか
うまみ…ひと口目で感じる旨み
甘み…かみ続けて耳下腺あたりで感じる甘み
食感…上あごで感じる気持ちよさ
のどごし…飲み込んだ後に感じる戻り

MESHIKEN まめ知識　田んぼでは連作障害が起きにくいのが大きな特徴です。水が張られているため、過剰な養分や有害な成分を土の中から流し出し、稲の生育に必要な窒素を、水中の空気から取り込むからです。

お米の味とは何を指すのか②

　もう少しお米の味に迫ってみましょう。

　評価方法としては、前述したように点数化した上で、さらに各切り口の内容を詳細に説明すると、よりお米に対して深く向き合うことができます。

　そのときにいくつかのNGワードを設けます。

　例えば「うまい」「甘い」「おいしい」「柔らかい」「粘る」という言葉です。

　こういった言葉を並べるだけでは、結局はあいまいな表現になり分かりにくくなります。第三者にも伝わりませんし、どのお米でも同じような表現になるので、自分でも品種ごとに違いが分からなくなります。

　何がどう「甘い」のか、どこがどう「おいしい」のか、それぞれの語句につける言葉を、さらに「深さ」「時間」「広がり」「事例」「物性」といった表現で補足して、言葉を紡ぎます。

　こういった表現を産地ごと、品種ごとに整えることにより、よりお米の品種別、産地別の特徴を説明することができるのです。

　その際、ひと口食べて全部の切り口を評価するのではなく、ひと口ごとに1〜2の要素を評価することをお薦めします。

　前述したようにお米の味は淡白なので、一度にすべての要素を評価しようとすると、収拾がつかなくなります。

　ひと口ごとに、お米の味を要素ごとに確かめるようにかみしめると、また違ったお米の表情が見えると思います。

事例：コシヒカリ（三重県産）の評価

　粒の見た目はやや割れがあるが、そこまで問題になるほどではない。

　硬さは柔らかく腰砕けな感じ。粒は感じられず、塊で楽しむお米。塊なので口に留まることがなく、すぐに通り過ぎる。そういった意味では留まる甘さを楽しむのは難しいが、パクパクと食が進む食べ方ができる。

　旨み・甘味は後味はいいが、最初に舌で感じるインパクトが薄いと思う。食感は塊なだけにもっちりしている。粒がつぶれていて面積が広がっており、その広がり具合がこの「もっちり」につながっていると思われる。

　粒が小さいか割れやすいため、味の主張感が感じられない。

第6章 米の品種と表現方法

お米の味とは何を指すのか③

　お米の味は、機械で測ることもあります。代表的なものが一般的に「食味計（しょくみけい）」と呼ばれるものです。
　計測方法はメーカーにより様々ですが、「たんぱく質」「アミロース」「水分」「脂肪酸」について計測する場合が多いようです。
「たんぱく質」お米には「たんぱく質」が含まれています。あまり多いと吸水を阻害する傾向にあるので、結果としてごはんが硬く感じます。日本のお米ですと6.2〜7.2％くらいが普通のレベルです。
「アミロース」米の粘りと関係の深い、デンプンの種類です。いうまでもなくお米の大部分を占める成分は炭水化物です。この炭水化物は、多糖類のデンプンが主成分です。つまり、ご飯の味を左右するのはデンプンの特性によるのですが、その中身は「アミロース」「アミロペクチン」というふたつで構成されています。アミロースの値が低いともち米に近い、柔らかく粘りがあり、もっちりとした食感になり、いわゆる「おいしいお米」としての評価が高くなります。
「脂肪酸」玄米には約3％、精米には約1％の脂肪が含まれています。脂肪が時間とともに分解されると、脂肪酸の割合が増えてきます。脂肪酸が多いお米は、古米化が進んでいるということです。
　こういった切り口をスコア化し、総合点を計測するのですが、機械で計測する場合は硬くて粘りの少ないお米の評価は低くなります。

食味分析計 TM3500（静岡製機）。
食味関連成分とスコアを米粒のまま、簡単に計測できます。

つまり、たんぱく質の数値の高低がスコアに関係してくるのです。
　もっとも機械で測る場合と、実際の人の食味では微妙に異なるのか、たんぱく質の値が高いからおいしくないかというと、必ずしもそうではないようです。
　たんぱく質の値が高くても、品種によってはそれが「コク」となり、実はおいしさの一部になるのでは、と思われます。機械での判定は品質を一定にそろえるためには必要ですが、やはり自分の舌で確かめる「ベロメーター」の方が、自分の想いを含めてお米の味を説明できるので、説得力があるように思います。

MESHIKEN まめ知識　早場米にはふたつあります。茨城や千葉では、台風が来る前に栽培・収穫。高知や宮崎といった温暖な地域では、新米の価格調整が始まる前に売ることを狙い、早期に栽培・出荷します。

味がよいとされる
お米の特徴

　日本各地で、お米のコンテストなるものが開催されているのをご存知ですか？　代表的なものが静岡県が開催している「お米日本一コンテスト」です。このコンテストで今まで最高賞を獲得した品種を見ると、圧倒的にコシヒカリの数が多いのです。

　日本人は「甘くてもっちりしたお米」を好みます。その食味に大きく関係してくるのが前述した「アミロース」です。

　コシヒカリはアミロースの値が16％前後です。通常は20％くらいですので、やや低い数値です。アミロースの値が小さければ小さいほど「アミロペクチン」の値が大きくなり、もち米のような「もっちり」とした食感になります。

　このアミロースの値をさらに少なくするように改良された品種が、「ミルキークィーン」や「ゆめぴりか」なのです。

　また、最近の傾向として、「米粒が大きいお米」「口に含むとしゃっきりとした感触」というお米が多くなっています。

　粒が大きいお米となると、見た目がいいのはもちろんのこと、ご飯を口に放り込むと口内全体で「お米を食べている！」という感覚を、この上なく味わうことができます。

　お米の味を判定する際の切り口として、「食感」というのは非常に大きい要素です。粒の大きさとはやや離れますが、ある炊飯専門業者の話によると、お客様からのクレームは「硬いか、柔らかいか」という話が圧倒的に多いそうです。

　粒の大きさでは、例えば「いのちの壱」はコシヒカリの1.5倍の大きさを持つ巨大なお米です。その粒の大きさから、口の中で爆ぜるかのような弾力は、ほかのお米ではなかなか味わうことができません。

　「ハツシモ」は岐阜県が主な生産地のお米で、これもやはり大粒なお米として知られています。お寿司屋さんで好んで使われています。

　「粒がしゃっきりしているお米」となると「つや姫」や、「にこまる」、「さがびより」、「青天の霹靂」、「銀河のしずく」といった比較的最近のお米の傾向です。

　いわゆる「外硬内軟」というもので、かみしめるときの粒の張り具合、抵抗感を楽しみつつ、その硬さを破った先にお米の乳白部分から米汁が飛び出るような感覚が楽しめます。

お米の味を系統別で見てみる

第6章 ─ 米の品種と表現方法

　お米の味をもう少し区分けして見てみましょう。

　お米は大きく分けて食感の方向性から「もっちり系」「しゃっきり系」、味の方向性から「甘い系」「さっぱり系」に分けられます。この4つの指標からお米をセグメント化すると、例えば下記のような分布になるのです。

　この図からもわかるように、比較的最近のお米やよく見る品種は「もっちり系」「甘い系」に寄っており、また比較的古い品種のお米は「しゃっきり系」「さっぱり系」に寄っているという傾向です。

　ここからも日本人がどのようなお米が好きなのか、全体的な傾向としてとらえることができます。

　ただ忘れてはならないのは、この分布はあくまでも品種としての一般傾向を示したもので、実際に食べるお米がこの通りになるかというと必ずしもそうではありません。

　お米の味は「品種」「産地」「生産者」の3つの要素で決まってきます。例えば同じコシヒカリでも、新潟県産のものと、西日本産のものでは食感が違います。細かいことをいえば、生産者それぞれに栽培で工夫をしていますので、その工夫の如何により味も違いますし、極端なことを言えば田んぼが違えば味も違います。

　このような指標はあくまでも目安として、みなさん各自がお米の味を楽しむことが何よりだと思います。

お米の味わい別の分布

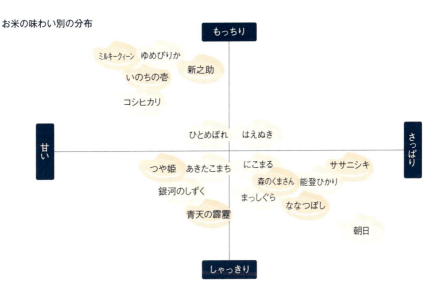

MESHIKEN まめ知識　ご飯茶碗一杯に盛られたご飯を約150gとした場合、生米を炊飯するとおよそ2.0〜2.3倍になりますので、もとの重さは約65gです。

109

日本穀物検定協会実施の食味ランキングとは

平成27年産米の食味ランキング表（特Aのみ）

産地	地区	品種名
北海道		ななつぼし、ゆめぴりか、ふっくりんこ
青森	中弘南黒・津軽・青森中央	青天の霹靂
岩手	県中	あきたこまち
	県南	ひとめぼれ
宮城		ひとめぼれ、つや姫
秋田	県南	あきたこまち
山形		はえぬき、ひとめぼれ、つや姫
福島	会津・中通	コシヒカリ
	会津	ひとめぼれ
栃木	県北	コシヒカリ
	県北	なすひかり、とちぎの星
新潟	上越・中越・魚沼・岩船・佐渡	コシヒカリ
富山		コシヒカリ

産地	地区	品種名
石川		コシヒカリ
福井		コシヒカリ、あきさかり
山梨	峡北	コシヒカリ
長野	南信・北信	コシヒカリ
岐阜	飛騨・美濃	コシヒカリ
三重	伊賀	コシヒカリ
滋賀		秋の詩、みずかがみ
兵庫		コシヒカリ
奈良		ヒノヒカリ
鳥取		きぬむすめ
島根		つや姫
広島		ヒノヒカリ
山口		きぬむすめ
佐賀		コシヒカリ、さがびより
熊本	城北	ヒノヒカリ
宮崎	霧島	ヒノヒカリ
鹿児島	県北	あきほなみ

　毎年年初に、日本穀物検定協会からお米の「食味ランキング」が発表されます。これは、前年の秋に収穫されたお米の「味の良し悪し」を格付けするものです。

　近年は新聞に取り上げられるようになり、一気に注目が増していますが、実は2016年で45回目を数えるほど、歴史のあるランキングなのです。

　さてこの食味ランキング。例えば2016年でみると、「山形県の『つや姫』が最高位の『特A』」とか、「福島県の『天のつぶ』が惜しくも上から二番目の『A』だった」といったように、産地別品種別に格付けがされています。産地とは東京・大阪・沖縄を除いた各道府県です。対象となったのは139産地品種で、そのうち最高位の『特A』を獲得したのは46点にのぼります。

　この「食味ランキング」の審査は、協会の専門家が実際に食べた評価を集計して、格付けをしています。

　日本穀物検定協会のホームページによると、「当協会において選抜訓練をした専門の評価員である食味評価エキスパートパネル20名により、白飯の『外観・香り・味・粘り・硬さ・総合評価』の6項目について、複数産地のコシヒカリのブレンド米を基準米とし、これと試験対象産地品種のものを比較評価する相対法により行いました」とあります。そのほか炊飯器や対象となるお米の条件など細かく設定した上で、厳密に審査しています。

　もちろん、お店で販売しているお米が「特A」を獲得したお米と産地品種とが同じでも、実際に栽培している田んぼや栽培者が異なるため、厳密には同じお米ではありません。しかし、お米のおいしさの傾向を測る上で、ひとつの指標として参考になるでしょう。

おかずとご飯の相性

 ご飯を語る場合にはその相方、つまりおかずの話も避けては通れません。

 まずおかずとの相性を語る前に、「口内調味(こうないちょうみ)」についてふれておきましょう。

 「口内調味」とは大勢の日本人ができる特技で、「ご飯とおかずを口の中で一緒に咀嚼(そしゃく)することで、また違う味を作り出し、楽しむ」という行為です。

 この「口内調味」ができる日本人だからこそ、「ごはんとおかずの相性」についても皆さん一家言持っているのです。

 お米の品種とおかずの相性ですが、ひとことでおかずといっても世の中には無数にありますし、その中でのマリアージュを探し出すのは非常に難しいです。傾向として、

> - 「味が濃いおかずには味の濃いお米を、味の薄いおかずには味の薄いお米を」
> - 「汁気のあるおかずには粒がしっかりしたお米を、硬めのおかずには包み込むような柔らかさのあるお米を」

と区分けできます。品種の特性で合わせて見てみると、次のようになります。

 以下の表はあくまでも一例です。

 こういった切り口で楽しむと、また違うお米ワールドが広がります。品種特性をぜひとも意識して、おかずとの相性を楽しんで下さい。

品種	特徴
ゆめぴりか	粘りが強く、かめばかむほど甘さを感じる。例えば…「味の濃い肉料理」
ひとめぼれ	粒が大きめで、さっぱりし過ぎず甘すぎない、やさしい味わいが特徴。プリッとした食感が丼ものに向いている。例えば…「ネギトロ丼」
あきたこまち	やや硬めだが、十分に咀嚼すると粘りを感じ、甘味もにじみ出てくる。やや濃い味の和食、例えば…「サバの味噌煮」
ササニシキ	口の中でフワッとほぐれやすい舌触りと、あっさりした味わいが特徴的。お寿司のシャリに多く使われている。
つや姫	コシヒカリに負けない甘味が特徴。粒がしっかりしているので、例えば…「ピラフ」
はえぬき	ふっくらとした炊きあがりで、もっちりした歯ごたえのある食感。やや柔らか目で、味の濃いおかずをも包み込む力がある。例えば…「唐揚げ」
コシヒカリ	コシがあり、粘りと甘さを楽しめ、和洋問わず料理に合う。例えば…「肉じゃが」
おいでまい	色が白く、粒の形が美しいのが特徴。粘りも程よくあり、口の中で感じる食感が気持ちいい。例えば…「豚のしょうが焼き」

MESHIKEN まめ知識　一般的に平場よりも中山間地の方が、おいしいお米できます。その理由のひとつが昼夜の気温差。お米も果物などと同じで、昼夜の気温差が大きい方が甘みが増します。

めしのともとご飯の相性

　おかずとは別に、ごはんそのものを存分に楽しむためのツール、それが「めしのとも」です。例えば下のような定義で「おかず」との境界線をはっきりさせたいものです。

> **その1**
> 主役はあくまでもご飯。ご飯の味を壊すことのない存在であるべし。
>
> **その2**
> 量は少量で食すことを前提とすべし。
>
> **その3**
> 見栄えは白米の上にのせて初めて映えるような存在であるべし。
>
> **その4**
> 食卓もしくは冷蔵庫の珍味入れに入る様が想像できるものであるべし。

　この定義からすると、例えばのりの佃煮、塩辛、なめたけ、なめ味噌などが「めしのとも」といえると思います。

　とはいっても「納豆はどうなる？」「卵かけご飯は？」と、さまざまなグレーゾーンはありますが。

　いま、日本各地には様々な「めしのとも」があります。

　日本では昔から、お米が食生活の中心です。お米はカロリーが高い食物なので、腹を満たす目的からすればそれだけで済んでしまいます。しかし栄養面から見た場合には物足りないので、ミネラル、油脂、たんぱく質、ビタミンなどを副食から摂取します。この構図が「めしのとも」が生まれた背景だと思われます。

　また栄養面云々とは別に、単純にご飯だけでは味が淡泊で、味をつけないと飽きてしまうこともあるので、何かと一緒に食べるというのは「食事を楽しむ」という面からも行われてきたのではないでしょうか。

　「めしのとも」には様々なものがあります。材料でいえば、魚系、肉系、植物系。調理方法でいえば発酵系、佃煮系、漬物系。食感でいえば、ねっとり系、ぱりぱり系、硬い系。味でいえばしょっぱい系、甘い系、辛い系。形状でいえば、まぶし系、固形、ドロリ系。

　こういったさまざまな「めしのとも」に合わせるご飯は、「粒がしっかりして、めしのともを受け止め、口に中できちんと口内調味できるもの」がいいようです。

　「めしのとも」はおかずと違い一度に口に入れる量が少ないので、あまり柔らかいごはんだと先にご飯だけのどを通り過ぎてしまって、やや面白みに欠けると思います。

「めしのとも」を探す場合は
この「おかわりJAPAN」のページがおすすめです。

第7章

米の生産と流通

春の田植え、夏の草とり、秋の収穫、冬の土づくり。お米をつくるには、1年を通じて作業が続きます。この章では、お米が田んぼから私たちの食卓に届くまで、どんな人たちがどのように関わっているのか、また課題は何かについて学びます。

米ができるまで①

お米の味は、「品種」「産地」「生産者」で決まります。生産者は、お米の持つポテンシャルを最大限生かすために、与えられた周囲の環境、例えば土、風、日光、水…を最大限生かしてお米を栽培しています。

わたしは産地見学に行った際に、必ず生産者の皆さんに「どのような工夫をしているのか」尋ねるようにしています。それは本人が「当たり前」と思っていることが実は「当たり前でない」ことが多く、その違いこそがその土地や生産者の技術の特徴であったりします。そしてその特徴が、お米の味の違いに結びついていると思っています。

「播種・育苗」種籾には「ばか苗病」「いもち病」といった、お米にとっては厄介な病気の菌がついている場合があります。そういった病原菌を、お湯や薬で消毒をしたのちに、塩水に漬けて良い種籾とそうでないものを分けて、ビニルハウス等の中で発芽させます。

「田起こし」田植えをする前に田んぼの土をほぐす行程です。前年の秋〜冬を経て硬くなった土では、苗の根っこは根付きにくいので、まずはトラクターなどで起こします。

「代かき」水を田んぼに入れたうえで土をかき混ぜて、田植えができる状態にする作業。

「田植え」苗の状態にまで育てた後に、田植えをします。田植えはかつては非常に酷な仕事で、家族総出の作業でした。ただ、その酷な作業も、1960年代以降に開発が進んだ「田植え機」の導入に伴い次第に効率化され、今ではほとんどの生産現場では動力による「田植え機」を使い、格段に効率よく田植えを行っています。

最近では種籾を植える田植え機もあります。種籾を植える場合は苗を育てる手間が省けるため、今までよりもさらにコスト減につながるやり方として注目されてきています。

農作業カレンダー（例）

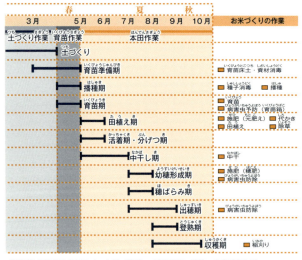

収穫された籾はライスセンターなどへ運ばれ、乾燥調整・袋詰・品位検査など、最後の仕上げを受け、倉庫に保管されます。

米ができるまで②

第7章 米の生産と流通

　田植えを終えた生産者は、このまま何もせずに秋を迎えるのかというと、そういう訳にはいきません。稲作、農作業は当然のことながら自然相手の仕事です。工場のように、何もかもがオートメーションで物事が進むということではありません。年によって、どのタイミングで何を行うのかは毎年異なるのです。

「中干し」稲がある程度育ってきたときに、田んぼの水を落とす作業です。地中のガスを抜いたり、稲の根に酸素を補給するために行います。

「除草」生産者は「雑草」の扱いに非常に神経を使います。稲が成長する前から雑草が田んぼに出てきてしまうと、本来稲が吸収すべき田んぼの養分が雑草に取られてしまい、結果、稲の成長が阻害されてしまうからです。稲がある程度成長した後でも、ヒエなどの雑草が出てきます。それをそのままにして稲の収穫時に一緒に刈り取ってしまうと、米粒の中に「異種穀粒」が混ざってしまいます。その割合が多いとお米の等級検査で格付けが下がってしまい、価格が下がります。

「畦管理」生産者は田んぼのまわり、つまり「畦」の雑草にも気を遣います。畦に雑草が生えると、カメムシの棲み処となります。カメムシは水田のなかに入って、稲穂の米粒に吸いつきます。すると、そのカメムシに吸われた米粒の部分が斑点になってしまい、非常に見た目が悪くなるのです。このような米粒を業界用語で「着色粒」と言います。収穫したお米のなかにあまりにこの着色粒が多いと、やはり等級検査で格付けが下がります。

「水管理」近年の夏は非常に暑い日が続きますので、稲が暑さにやられないように水管理をしっかり行うことが、最近の稲作のポイントです。

「稲の病気」近年は栽培技術の進歩や品種改良により、稲はある程度異常気象に対しての耐性があります。しかしやはり異常気象になると、圃場管理で気を遣う場面が多いため、生産者にとっては大変な負担になります。

　例えば夏が寒くなると稲が「いもち病」にかかり、お米の実りが悪くなります。これを「冷害」といいます。いもち病にかかると稲の葉は変色して枯れ、穂は実らなくなります。夏季の低温、多雨、日照不足は「いもち病」の多発生の原因となっています。この病気は昔からよく見られ、生産者は毎年この病気が蔓延しないように気を遣います。

田んぼを区切る畦。雑草が生えないように草刈りをします。

 MESHIKEN まめ知識　最近では田植えの際に苗と苗の間隔を空けて行う「疎植」が行われています。適度に間隔を空けることで風通しを良くし、病気を防ぐのです。

米ができるまで③

「稲刈り・脱穀」コンバインは、稲刈りと脱穀を同時に行う農機具です。中には収穫と同時にお米の食味を測る機能も備えているものもあります。価格ですがあるメーカーのHPで見ると、6条刈りのコンバインで1300万円を超えています。

「乾燥」収穫後、籾が着いたままで乾燥機に入れて乾燥させます。水分を15%程度まで落とすことによりカビを防ぎ、年間を通じて食べられるようにしているのです。乾燥の方法には「風を利用して乾燥させる方法」と「熱を利用して乾燥させる方法」があります。前者は人工的に風を起こす場合もありますし、「はざかけ」のように自然のもとで乾燥させる場合もあります。後者は、遠赤外線を利用した乾燥方法が挙げられます。いずれの方法においても、乾燥し過ぎるとお米が割れてしまい、品質が著しく下がります。

「籾摺り」乾燥が終わったあと、籾摺り機という機械で米粒から籾をはがして玄米へと加工し、よく見られる紙の米袋に入れて保管されます。

「ふるい」籾摺りを経て玄米になるわけですが、お米は農産物ですからすべての粒が成熟しているかというと、そうではありません。籾摺りのあとでふるいにかけることにより、粒の大きさを揃えます。

なお、毎年農林水産省から「作況指数」が発表されます。これは10アール当たりの収穫量が、平年の数値と比べてどの程度になっているのか、数字で表したものです。作況指数を出す場合に使用するふるいの網目の大きさはかつては1.7ミリでした。

一方で、実際に生産者が出荷する場合に使用する網目は1.85ミリや1.9ミリであったため、一時期「作況指数は100を超えていても、実際にはそれほどお米がとれていない」という声をよく聞くことがありました。最近では制度も変わり、作柄の良否を表す作況指数については、各農業地域において多くの農家等が実際の選別に使用しているふるい目幅を基準に算出しています。

お米をつくる工程は生産者やその地方により様々で、「これ」といった正解はありません。生産者も時代に合わせて、その地域の特徴に合せて試行錯誤を繰り返しています。

私たちが考えている以上にお米の生産方法は多種多様で、それぞれの工程には一朝一夕にできない生産者のノウハウが詰まっているのです。

6条刈りのコンバイン。
運転席にはエアコンやラジオが付いています。

特徴的な栽培、ひと手間な栽培①

佐渡島の『朱鷺と暮らす郷米』

　皆さん、トキという鳥をご存知かと思います。

　かつての日本では里山を中心にたくさんのトキが飛んでいましたが、現在では日本の在来種は絶滅しています。それでも1998（平成10）年に中国からほとんど同種のトキを譲ってもらって以降、佐渡島ではその数が増えてきています。

　最近ではその数は、放鳥され野生下にいるトキ、そしてトキ保護センター等の施設で保護されているトキを合わせると、なんと、200羽以上にも増えているのです。

　トキの餌はドジョウといった水棲生物が主なので、田んぼは重要な餌場になっています。佐渡島ではトキが放鳥される前から、幾人かの生産者が協力して減農薬や無農薬でお米を栽培していました。彼らの取り組みをさらに大勢の生産者で共有し、佐渡島の広い範囲でトキが暮らすことのできる環境を整える、つまりトキの餌を増やす活動に取り組みました。

　佐渡島は昔からおいしいコシヒカリが穫れることで有名ですが、さらにこういった「環境保全」を意識した取り組みを行うことにより、ほかの産地との差別化を図っています。

　今では減農薬又は無農薬で栽培された「コシヒカリ」や「こしいぶき」は、「朱鷺と暮らす郷米」というブランドで全国で販売されています。

　売上の一部は、佐渡市トキ保護募金に寄付されています。お米を買って食べるという日常的なアクションが、トキという希少な生き物の保全に役立っているのです。

　佐渡島は、消費者がお米を選ぶ動機づけに「味」と「値段」以外に新しい要素を加えた、非常に前衛的な取り組みをしている地域なのです。

　こういった取り組みは日本各地で見られるようになってきました。代表的なものに「兵庫県や福井県で行われているコウノトリの生態系を守る取り組み」「滋賀県高島で行われている『たかしま生きもの田んぼ米』」などがあります。

MESHIKEN まめ知識　8月にはイネの「穂」が出始めます。これを「出穂」といいます。各地の農政局では、穂の数、1穂当たりの籾の数、籾の色の状態などをチェックし、その年の作柄を予想します。

特徴的な栽培、
ひと手間な栽培②

稲作において生産者が最も気を使っている事柄のひとつに、除草があります。

田んぼに生える雑草をそのままにしておくと、田んぼの養分が雑草に持っていかれてしまい、結果、お米のみのりが悪くなります。

そのため田んぼの雑草を減らすことは非常に重要な作業になるのですが、この除草方法にはいくつかパターンがあります。

① 除草剤で雑草が生えないようにする（もしくは枯らす）。
② 人力や機械で物理的に引き抜く。
③ 植物や微生物の力を借りて雑草が生えないようにする。
④ 動物の力を借りて物理的に引き抜く。

③の代表的な方法として「冬期湛水」という方法があります。これは冬場でも田んぼに水を張ることをいいます。田んぼを使っていない時期でも水を張ることで、水棲生物をはじめたくさんの生き物が田んぼに棲むことができます。

その中の「イトミミズ」が排出する糞が、「トロトロ層」という柔らかい土壌を作り出します。このおかげで、雑草の種は地中深くまで潜ってしまい、発芽することができなくなるのです。

冬期湛水では水鳥が多くやってきますので、宮城県の大崎市やその周辺地域のの沼地ではラムサール条約に登録されている地域もあります。

また冬期湛水ができる地域は、いつも水が豊富にあるところに限られますので、どこでもできるというわけではありません。

④の代表的な方法として「合鴨農法」があります。合鴨をヒナの段階から田んぼに放して、雑草を食べてもらう方法です。

ヒナは自分より大きい草は食べませんので、ある程度、苗が大きくなってから放されます。課題としては鳥インフルエンザの影響や糞の問題があります。糞は発酵していない状態で田んぼに撒かれますので、稲にとって栄養とはなりにくいのです。

このように、いたずらに除草剤をまくのではなく、環境に優しい方法で除草を実現させている地域が各地で見られます。

合鴨を除草に使った『合鴨農法』は、自然の力を活用した除草方法として広い地域で行われています。

稲作にかかる経費と売値

右下のグラフは農林水産省で発表している、お米60kg（1俵）を生産するのに必要な経費の金額と内訳です（全国平均）。

これを見ると内訳として、労働費を除いて肥料代、農機具代が高いことが分かります。

また総額で1万5400円となっています。これが高いか安いかですが、比較対象として「農協等が決める買い取り価格」、いわゆる「概算金」が参考になります。平成27年産では魚沼産「コシヒカリ」で1万7000円、山形県産の「つや姫」で1万5000円となっています。このデータだけ見れば、品種によっては採算割れの場合もあります。もちろん、実際には各生産者の工夫次第で経費がもう少し軽くなる場合もありますし、補助金等もありますのでこの限りではありませんが、ひとつの指標にはなります。

なお「概算金」ですが、農協等の集荷業者が生産者の出荷の際に支払う仮渡金のことで、県単位で全農県本部・経済連が決定しています。

お米の値段はその時々の需給バランスで決まりますが、具体的には卸業者や生産者は「概算金」をもとに取引をしています。買う側と売る側が、「概算金よりか高いか安いか」というやり取りを行うわけです。

前年産の在庫や今年の収穫量等を勘案して決定されますが、その過程において政府からの要望が入る場合もあるようです。ただし、あくまでも決定するのは農協などです。

政府が行う「生産調整」とは、この価格をいじることではなく、この価格となるように周囲の環境、特にお米の生産量を減らすことにあります。

その方法のひとつとして「減反」、つまりお米を栽培する面積を減らすことがあります。しかし田んぼが果たす役割、例えば地域の治水や土砂崩れの抑止、温暖化の低減、多様な生き物を育む役割の実現などをかんがみたときに、水田を活用しない場合のデメリットの面が問題となります。

最近では栽培したお米を人間が食べる食糧ではなく、豚や牛の餌（飼料用米）として栽培することを推奨しています。その買い取りには補助金が充てられているのですが非常に効果があり、生産調整の目標数量を達成することができました。この政策は平成30年まで継続されることが決まっていますが、その後の米価の動きはまだ見えていません。

お米60kgを生産するのに必要な経費

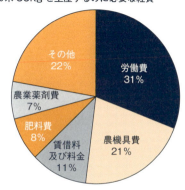

田植えは雨が降ったら行いません。それは雨が激しく降ると植えたばかりの苗が田んぼの土に根付く（活着といいます）ことができずに浮いてしまい、流れてしまうからです。

米が食卓に届くまで①

米の保管

　流通過程では、30kg単位の玄米を紙袋に入れて保管するのが一般的です。籾ではなく玄米で保管する場合の方が圧倒的に多いのですが、籾で保存する場合は、玄米よりも防虫や防カビ効果が高いといわれています。そうしたメリットを差し置いても玄米で保管する理由のひとつに、体積の問題があります。籾が付いたままのお米は、玄米の約2倍の体積があるからです。

保管時の温度と湿度

　近年ではお米を「低温倉庫」に保管して、お米の劣化を防いでいます。お米の温度（穀温）を15度にすることにより、玄米の呼吸を抑制でき、また害虫やカビの繁殖も抑えることができます。湿度は65%とされています。

　お米は「食物の種」です。次世代を残すために保管中であっても、絶えず呼吸をしています。呼吸するとデンプンが消耗され、結果として味が落ちてしまうのです。

農産物検査

　右の写真は玄米の入っている紙袋の一部をアップにしたものです。この写真からは農産物検査法に基づく検査の結果、一等級であることが分かります。

　なお、この等級はその玄米の「品質」について格付けをしたものです。品種としての味の良し悪しを、直接的にあらわしたものではありません。

　お米の品質は、日照時間、気温、虫や病気の発生などに左右されますが、近年では夏の暑さが大きな課題です。例えば白く濁ったお米が見られることがありますが、これは業界用語で「しらた」と呼ばれるものです。米粒が登熟する過程で高温による影響でデンプンがうまく形成されず、中に空気が多く入ってしまうとこのようなお米になります。炊飯すると中からデンプンがにじみ出てきて、ご飯の食感を悪くさせます。

　なおこの検査を受けないと、例えば「つや姫」のように品種名を明確にしてエンドユーザーに販売することはできません。

　写真から得られる情報としてはほか、「産地」「産年」「検査を請求した人の名前」「検査機関の名前」「特別栽培米の認証」などが分かります。

　このようにお米の流通は、厳格な検査のもと、一定の品質のお米が国民の皆さんに広く行き渡るような仕組みになっているのです。

30kgの袋にはこういった検査証明書が記載されている場合が多くあります。

米が食卓に届くまで②

第7章 ― 米の生産と流通

「お米はすべてJA（農協）や国が買い取っている」という話を聞きますが、それは違います。生産者から直接エンドユーザーに送られるケースも多いのです。

かつては「国が買い取るお米」という意味で使われていた「政府米」という言葉。今もありますが、政府が流通も含めて管理するというよりも「備蓄米」という意味に近いのです。

またJA等を通じて流通している「自主流通米」は、そもそも政府が買い上げることが原則であった時代に、規制を緩和してJAを通したお米を例外扱いとしてこのように呼んでいました。今はどのような流通も自由のため、普段の会話であまり出てきません。

今では当たり前のように食卓に並んでいるお米ですが、太平洋戦争中とその前後の期間は、そうは簡単に手に入るものではありませんでした。

かつてお米の流通は、戦争の最中に制定された「食糧管理制度」により厳しく統制されていました（P44）。お米が不足している時代でしたので、なるべく均等に全国民にお米がゆきわたることを目的としていました。ところがお米が余る時代になってくると統制の必要も無くなり、逆に減反政策による生産調整が行われました。1995（平成7）年の新食糧法の成立（P48）、2004（平成16）年の同法改正を経て、消費者にとってはお米をどこで購入するか、という選択肢が大幅に増えたのです。

このようにいろいろな歴史を経て、現在のお米の流通の仕組みができあがりました。現在は、お米はどこからでも購入することができますが、それでもお米を販売する場合には届出義務があります。しかし「登録」や「許可」ではなく「届出」ですので、参入障壁は低いといえるでしょう。

そのおかげで今では一般消費者は、農家から直接お米を購入もできますし、JAからも、もちろん米屋からも購入できるのです。

歴史を振り返ると、実は「お米を販売する」という行為は長い間規制に縛られてきたため、商売として自由競争になったのはつい20年ほど前なのです。

そう考えるとお米は「古くて新しい商材」ともいえるでしょう。

お米の流通（一例）

生産者から直接卸売り業者や米屋に渡ることもあります。

MESHIKEN まめ知識 同じ地域で同じ品種のお米を大量に栽培すると、繁忙期が一時期だけに集中するので、田植えや稲刈りを適切な時期に実施できないなどデメリットが生じます。

米屋の仕事①

世の中には様々なお米に関する資格がありますが、米屋だけが取得できる資格が「お米マイスター」です。

ほかの資格との大きな違いは、「精米技術」と「ブレンド技術」について問われるところです。自分のお店に精米機を有している人でないと、取得することはできません。

「お米マイスター」のホームページには次のような定義が掲載されています。

> 「ひと口に『お米』といっても、その品質や特徴は千差万別。お米マイスターは日々研究しています。
> - 全国の田んぼからおいしいお米を探すこと
> - お米の品質を見極めること
> - お米の特長を活かした精米技法やブレンド技術のこと
> - 鮮度を保つ保管方法のこと
> - おいしい「ごはん」の炊き方のこと
>
> その知識を商品づくりに活かし、お客さまにお伝えすることに、努めています。

米屋というと、どうしても「重いお米を配達してくれる」というイメージが真っ先に思い浮かぶと思います。

もちろんそういった仕事もありますが、それだけではありません。米屋の仕事をもう少し詳細に見ると上記のような定義に行きつくのです。

なお、「お米マイスター」には三ツ星と五ツ星があります。

最高位の五ツ星の試験は実技試験・面接試験になります。

玄米の見分け方、炊飯トラブルの処理方法、お米の味と見極め方、精米とブレンド技術のチェック、お客からの質問に的確に答えを導き出せるかどうか、など。実技を通じて、それがきちんと「感覚」だけではなく「理屈」まで勉強して、根拠も含めて話すことができるかどうかが問われます。

そういった意味からも、「お米マイスター」の有資格者はお米のプロ中のプロといえるでしょう。

米屋はさまざまなお米を仕入れ、お客に選ぶ楽しさを提供する「セレクトショップ」でもあり、ブレンドの技術を生かして新しい食味のお米を開発する「メーカー」であり、一般の方においしいお米の食べ方をご案内したりや楽しみ方をイベント等で広める「ナビゲーター」でもあるのです。

ぜひお気軽にお問い合わせ下さい。

このマークが目印です！
お米マイスター　認定マーク

http://www.okome-maistar.net

米屋の仕事②

米屋の仕事をもう少し具体的に見ていきましょう。

❶ お米を仕入れる

米屋もかつては決まったところからしかお米を購入できませんでしたが、今ではどこから仕入れても自由です。
「生産者から直接仕入れる」「地方の JA から直接仕入れる」「地方の集荷業者から仕入れる」「卸業者から仕入れる」などさまざまです。

お米の味、産地への思い入れ、味や値段の多様性などを考慮してお米を仕入れています。特に産地から直接仕入れる場合は、産地見学が欠かせません。それにより消費者に、産地の様子を明確に伝えることができるのです。そして、味の良し悪しだけではなく、生産者の顔や産地の風景までも思い浮かべてお米とお付き合い頂けたら、と願っているのです。

❷ 玄米を精米する

「精米」とは簡単にいうと「米粒の表層である糠層と胚芽を除去して白米にすること」を指します。

機械の力を借りないと、人間の力だけでは時間がかかります。精米機では粒を摩擦させたり、米粒の表面を砥石などで削ったりして精米しています。

精米は胚芽を残さないことと、米粒が割れないようにすることが大事です。

また、色がついているお米や籾がついているお米などは、取り除くことも大事な仕事です。玄米の段階では、黒い斑点がついているお米や未成熟で青いお米、籾のついたお米、麦やヒエなどの穀物が混ざっていることが多々あります。

多くの米屋はそういった「着色粒」や「異物」を「色彩選別機」という機械で取り除きます。CCD カメラで色のついたお米を瞬時に見分け、それを空気の力ではじき飛ばす、というスグレモノの機械です。

❸ 小分けにして販売する

かつては 10kg や 5kg で販売するのが当たり前でしたが、最近では 2kg や 3kg、果ては 300g や 100g で販売する場合もあります。

単身家族が増えたことや、お米の関心が高まり色々なお米を少量で購入したい、というニーズが増えてきたということが、背景にあるようです。

お米の輸出はそれほど難しくはありません。地方農政局に届出を出せば OK。ただ、受け入れ側の国の体制により、放射能検査が求められたり、検疫を受ける必要があったりします。

お米を買ったら…

お米を選ぶポイント

　米屋で購入する場合は、そのお店の店主に聞けば、自分好みのお米を味と値段の面で選んでくれます。しかし、いわゆる量販店でお米が平積みになっているお店では、そういった話ができる人がいない場合が多いので、自分で選ぶことになります。

　自分の好みや産地への思い、値段の高低からすでに決まっている場合もあると思いますが、一番の大きなポイントは「精米年月日」で選ぶことです。

　精米してから夏は2週間、冬は3週間で食べ切ることが理想ですので、自分が食べ切ることができる日数を勘案して、精米年月日をチェックしましょう。

　また粒がそろっている（大きめ）の方が、炊飯した時の炊きムラが防げます。精米が粗雑で割れている米粒が多いと、ご飯のベチャつきの原因になります。

お米の保管

　夏が近づき気温が上がると、気になるのはお米の保管方法です。暑くなると、お米の劣化スピードが早まります。保管方法を間違えると、お米の劣化に拍車がかかります。

　お米を密封した容器に入れて、冷蔵庫に保管する方法がお薦めです。お米を冷やすことにより、炊飯後のご飯の甘みも増します。

　例えばペットボトルにお米を入れて、冷蔵庫に入れるといいでしょう。冷蔵庫から出した後、高温多湿な場所に置くと結露が発生してカビの原因になりますので、気を付けましょう。

　お米を置く場所には注意が必要です。高温多湿な場所に置いたり、水がかかるとカビが発生します。また、気温が高い場所にお米を置くと虫が発生します。

　さらに臭いも気になります。お米は実は臭いが移りやすい食品です。芳香剤や防虫剤、物置の臭いなど、てきめんに移ります。

　乾燥した場所に置くと、お米が割れる原因になります。お米が割れると、炊飯時にご飯がベチャつく原因になります。

米の流通の課題

❶ 縁故米の存在

「縁故米」という言葉をご存知ですか？親戚や知り合いの農家の方から直接送ってもらうお米のことで、その多くが無償であるようです。

参考までに、お米の購入経路別の割合は右下のグラフの通りです。昔と比べて購入経路が多様になったことと、思った以上に「縁故米」の割合が多いというのが分かると思います。

縁故米には課題があります。新米の時期になると、各地から「縁故米」が消費者の元に送られます。しかし無償のためか貰った側はあまり大事に扱わないケースが散見されます。例えば「親戚から貰ったけど食べきれなくて…。古古米を引き取って」という問い合わせが、米屋に多くあります。無料でもらうモノには「ありがたみ」がなく、その延長線でお米に関心が薄れます。「縁故米」といえども、無償で贈るのも考えものです。

❷ 政策としての飼料用米

現在、生産調整の一環として行われている施策で、生産者が家畜用にお米を栽培し、ある一定の基準をクリアすると政府の補助金が出るというものです。本来、人間が食べるべきお米もこの飼料用米に回ってしまい、結果としてお米の価格が人為的に引き上げられているのです。色々な意見があると思いますが、国民のお米消費拡大につながっていないのが大きな問題だといえます。

❸ お米の価格が安いこと

前述したように、お米の価格は生産コストを超えていることが多くあります。中には高付加価値のお米販売により十分に成り立っている生産者もいますが、ほんの一部です。

お米を「モノ」として見た場合には価格が安い方がいいとは思いますが、それにより生産者の生活が成り立たなくなり、結果として水田が遺棄されるようになりますと、様々な面で不具合が起こります。

お米の存在意義を、単に「食べるもの」という観点だけではなく、環境保全や地方活性化、食糧安全保障といった複数の視点で考えていくと、また違った面が見えるでしょう。

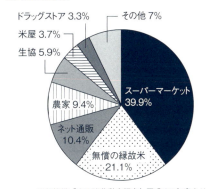

購入経路別割合

米穀機構「米の消費動向調査」平成27年度より

まめ知識 お米の品種特性として「重さ」を表す際は千粒の重さ（千粒重）を用います。例えばコシヒカリ5kgの玄米ですが、千粒重は約22gです。これを5kgに換算すると約23万粒です。

米の表示ルール

米袋に記載する必要のある事項

　スーパーや米屋では、ビニールの袋に入れてお米が積まれています。

　ただ、お米は見た目は同じなので、どのお米がどの品種なのかがぱっと見で分かるように、通常は米袋の見やすいところに「コシヒカリ」「ひとめぼれ」などと記載されています。これを「強調表示」といいます。この強調表示の有無は、法律的には問題ありません。

　これとは別に、「お米の袋に必ず記載すべき事項」が「農林物資の規格化及び品質表示の適正化に関する法律（JAS法）」に基づく「玄米及び精米品質表示基準」により決まっています。

　「産地」「産年」「重さ」「販売者（精米工場）」、「名称（精米、もち精米、玄米など）」などがあります。

　ちなみに農産物検査法により定められている品位等検査の結果、玄米の状態では「等級」が明示されますが、精米後については特に明記する義務はありません。

強調表示（メリット表示）

　単一銘柄である場合は特に問題にはなりませんが、ブレンド米の場合は一般消費者が誤解を受けないように、詳細な決まり事があります。「一括表示欄」にブレンド割合を明示する必要があるのですが、その表示ルールに基づいてブレンドであることを明示します。

一括表示事例

（一括表示／単一原料米の場合）

名　　称	精　米		
原料玄米	産　地	品　種	産　年
	単一原料米〇〇県　〇〇〇〇　〇〇年産		
内 容 量	〇kg		
精米年月日	00.00.00		
販 売 社	〇〇米穀株式会社〇〇県〇〇市〇〇町〇〇　0-00電話番号　〇〇〇（〇〇〇）〇〇〇〇		

新米表示

　新米の時期になるとお米の袋に「新米」というシールが貼られています。前述の「玄米及び精米品質表示基準」の第5条「表示禁止事項」の第4項に、こうあります。

> 『新米』の用語（原料玄米が生産された当該年の12月31日までに容器に入れられ、若しくは包装された玄米又は原料玄米が生産された当該年の12月31日までに精白され、容器に入れられ、若しくは包装された精米を除く。）

　つまり、原則として「新米」シールは貼ってはいけないのですが、例外として生産された年の年末までに袋詰めされた玄米、または精米され袋詰めにされた白米であれば、「新米」シールを貼ってもいいことになっています。

ブレンド米のこれから

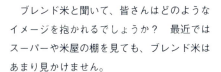

ブレンド米と聞いて、皆さんはどのようなイメージを抱かれるでしょうか？ 最近ではスーパーや米屋の棚を見ても、ブレンド米はあまり見かけません。

1993（平成5）年の「平成の大冷害」のときに、日本米をタイ米とブレンドして販売せざるを得なかった時期の記憶、さらに例えばコシヒカリにひとめぼれを混ぜて販売しているのに「コシヒカリ」として販売していた事件の記憶。そのような負の歴史があったためか、あまり話題になりません。

いまでこそ「良食味米」といわれるお米ばかりですが、かつてはおいしいお米が今ほど潤沢にありませんでした。そこで「そこそこおいしいお米を安定供給する手段」として「ブレンド」が行われることは、ごく一般的でした。

その役割からいえば、今では「ブレンド」の役割は終えていますが、しかし最近では単一銘柄米では表現できない味を実現できる手法として、再評価されてきています。

例えばこういったことです。

「今度、混ぜご飯をつくりたいと思っていますが、濃いめの具材に負けない味で、かつお米粒がしっかりと歯応えがあるものがいいです。あまり粘りがあるのは困ります」

このような要望を受けて、米屋はいくつかのお米を用いてブレンディングします。上記のような要望があったら、例えば「つや姫」や「ササニシキ」「ひとめぼれ」などが、ブレンドの原材料として考えられます。

また最近では味ではなく「気分」にあったお米をブレンド米で表現して販売している人もいます。例えば「Happyな気分のとき」「落ち着いた気分のとき」に食べるお米などです。お米をブレンドするのに、特に資格は必要ありません。ご家庭でもいろいろ試してみてください。

ブレンド米の原則
- 性質の異なるお米をブレンドして、今までにない味を表現する。
- さまざまな料理に合わせてカスタマイズできる
- ブレンドする割合はどちらかに寄せること。1：1では特徴が出にくい。

 最近は苗を植えるのではなく、種籾を直接水田に蒔く方法で田植えをする場合もあります。この方法で使用する種籾には、水の表面に浮いてこないように鉄のコーティングが施されています。

米の安全

米の安全を語る場合にはいくつかのポイントがあります。これらを押さえながら自分自身の「安心」へとつなげて下さい。

❶ 産地・品種・産年は正しいのか？

お米には色がついていませんので、実際に販売されているお米が、お米が入っている袋に書かれている品種、産地などと同じ内容なのかは、見ただけでは分かりません。

ただ、販売者は購入者に対して「産地」「品種名」「産年」などを明示する義務がありますので、まずは米袋にそういった情報がしっかり掲載されているか、確認が必要です。

❷ 農薬の使用状況はどうなっているのか？

農薬の使用状況がどうなのかは、各県の「特別栽培米」の認証を受けていれば、ある程度は分かります。特別栽培米とは、各地域で通常使用されている農薬の量の半分以下で栽培しているお米のことです。また、日本農林規格で「有機米」の認証を受けているお米もあります（JAS有機）。

農薬を使用している場合でも、収穫前には残留しないよう農薬を使用しない期間を設けるのが一般的です。また、農薬は玄米の糠層に残留しやすいので、もし気になる場合は精米して食べるのが良いでしょう。

❸ 放射性物質が含まれているのか？

現在、各県でひき続き毎年、県産米の放射性物質検査を行っております。各県のHPで公表されているので見てみましょう。福島県につきましては県から出荷されるすべてお米について、放射性物質検査を実施しています。当面は継続して実施する予定です。

❹ 虫がついているけど大丈夫か？

お米につく虫の代表格が「コクゾウムシ」と「メイガ」です。米びつに保管する場合は、高温な場所に置くと虫がわく場合がありますので、保存場所に注意しましょう。夏場はなるべくなら虫が出ないように、少量で購入されることをお勧めします。白米よりも玄米の方が発生しやすいので、玄米のまま長い間放置しているお米は要注意です。

❺ 輸入米のポストハーベストはどうなっているのか？

現在すべての輸入米に関して、残留農薬検査が義務付けられています。現地の倉庫などからサンプル取り寄せて事前に検査し、さらに船に積んだ時のサンプルも検査します。これにより「食品、添加物等の規格基準」を上回る米の輸入防止を図っています。

おかわりコラム
okawari column

私たち日本人にとって、「ご飯」が日常の生活、栄養、日本の社会や歴史において、大切なものだと感じてもらえたでしょうか。もっと深く知りたい、という人、お米やそれをとりまく知識や情報は、まだまだたくさんあふれています。学べば学ぶほどさらに知りたくなる、それが「ご飯」なのです。

外国生まれの米を栽培する日本の生産者たち

外国のお米は日本で手に入りにくい?

日本にはさまざまな品種のお米がありますが、いずれも短粒種、いわゆるジャポニカ米がほとんどです。つまりさまざまな品種があるとはいえ、お米同士の違いを前面に出してPRするには限度があるということです。

これまでは外国のお米、例えばイタリアの「カルナローリ」(P100) や、東南アジアなどで広く栽培されているインディカ米を購入するには、輸入されたものを手に入れるしかありませんでした。

しかし、ほかの業界と同じく厳しい環境にある米業界で、突き抜けた特徴を出してお米の販売を伸ばすために、あえて日本国内で外国産のお米を栽培している生産者がいます。

国内産で安心・安全な外国のお米

例えば石川県の「たけもと農場」では「カルナローリ」を栽培していますし、新潟県の「大潟ナショナルカントリー」では、長粒種の「インディカ米」を栽培しています。

外国品種は、たとえ日本で栽培して農産物検査を受けても、品種名を明記することはできませんが、見た目、香り、食感は明らかに外国産のお米です。

こういったお米は、例えば、外国料理専門店などでより現地に近い食材を国内産でそろえたい、という料理人がしているようです。

外国品種にもかかわらず生産者の顔が見えるということが安心につながり、購入を決める方もいるようです。

なぜ米の品種改良をするの?

新品種の開発には約10年の月日が必要

品種改良にはいくつか方法がありますが、違う品種を交配させる方法や、遺伝子に放射線を当てて、人為的に突然変異をさせる方法があります(お米では、今のところ遺伝子組み換えでの品種改良は行っていません)。

いずれの方法でも、実際に育ててみないとどうなるかわかりません。栽培して世代を促進させ、良さそうな稲穂を選び、また翌年栽培して——というように、品種を絞っていきます。

そして選別した品種を、色々な角度から問題ないかを繰り返しチェックし、問題がなければ新品種としてデビューさせます。ここまで10年近くの月日がかかります。

安定した収量を求めて、品種改良は続く!

日本のお米は、今でも十分おいしいのに、なぜ、品種改良を行う必要があるのでしょうか?

それは味以外にも「単位面積当たりの収量が多い」「病気に強い」「丈が短く倒れくい」「酷暑でも育つ」といった特徴を求めているからです。

例えば、最近は夏の酷暑の影響で、米の品質低下があらわになっています。多くの品種の中で「つや姫」や「にこまる」は、おいしさもさることながら、暑さに強いという特徴があります。

また新潟県では、2005(平成17)年産米から県内全域で、従来のコシヒカリよりも農薬を減らして栽培ができる「コシヒカリBL」を育てています。「コシヒカリBL」は、コシヒカリに「いもち病」に強い性質だけをプラスしたお米で、従来の育種方法により15年の歳月と手間をかけて改良したそうです。

自然条件になるべく左右されずに安定した収量が得られ、みなさんが安心して食生活を送ることができるように、品種改良は行われているのです。

okawari column

日本でいち早く新米が味わえる地域と遅い地域

日本で最も早い新米は、どこのお米？

　日本で最も早く新米が出てくる地域はどこでしょう。
　当然、南の方だと想像がつくと思いますが、沖縄です。6月には新米が市場に出回るようになります。
　沖縄には「ちゅらひかり」という、いかにも沖縄風の名称を持った品種がありますが、一般的には「ひとめぼれ」が流通していることが多いようです。
　見たことがある人は少ないかもしれませんが、パッケージがいかにも沖縄風の場合が多いので、ぜひ探してみて下さい。

沖縄は品種改良に適した土地

　沖縄は温暖な気候のため、米の二期作が可能です。また、環境を整えれば年に数回収穫できるため、沖縄の生産者は、研究機関から品種改良の業務を請け負うこともあるようです。
　品種改良では、まずひとつの米を作ってみて、その中から改良するのに良さそうな稲を選別する必要があります。暖かい沖縄は、本土よりも確実に短い時間で世代促進ができるので、研究効率が良いわけです。
　最近では日本最西端の島、与那国島の「ひとめぼれ」も都内で見かけるようになりました。考えてみれば、もともとお米は熱帯・亜熱帯地域から伝わったものですから、沖縄で稲作が行われるのは自然なことです。6月は、通常であればお米の古米化が進んでいる季節のため、この時期の新米は香りが非常に新鮮で楽しめます。

最も新米が出回るのが遅い場所は？

　ちなみに最も遅い新米は、日本最北端の北海道と思いきや、違います。北海道は冬が来るのが早いため、逆に9月くらいから新米が出荷されます。
　ではいったい、どこなのでしょうか。一概にはいえないのですが、一例をあげると、宮崎県の高千穂地方の「ヒノヒカリ」があります。この品種自体がもともと晩稲（収穫時期が遅いこと）のうえ、高千穂地方は標高が高く気温が低いため、11月くらいの出荷になるようです。

おかわり！

おにぎりの相方のこと、もっと知りたい！
「のり」のおかわりトリビア

「海苔」と「糊」は同じもの!?

そもそものりとはどんなものだったのでしょう。その語源は「ヌルヌル」や「ヌラヌラ」が変化したもので、接着剤として使われる「糊」と「海苔」は同じです。実際にのりもその粘り気から、接着剤として利用されていることもあったそうです。

超高級な税金だった！

のりは古くから高級食材として珍重され、701年に制定された法律「大宝律令」では、年貢の対象産品のひとつと決められていました。その希少性から、朝廷で特に喜ばれたようです。おにぎりが登場する最古の文献『常陸国風土記』にも、のりの記述があります。

江戸時代でも高級品

のりの養殖がはじまったのは江戸時代。それまでは自然に生えているものを摘んでいましたが、江戸の漁師が海の中に支柱を立て、生育に成功。以降、のりが市場に流通するようになりました。

とはいえ近代になるまで、のりの生態そのものは解明されず、水温の変化などで死滅することも多かったそうです。

現代の、のり養殖の母は、なんとイギリス人

安定したのりの養殖技術が確立されたのは、戦後になってからのことです。イギリスのマンチェスター大学教授のキャスリーン・メアリー・ドゥルー・ベーカー女史が、アサクサノリの生態を解明。秋にのりの胞子が岩などに付着し、成長することは知られていましたが、春から秋までは貝の中で胞子が育っているということを突き止めました。以後、カキ殻を使った養殖法が確立されて、大量生産が可能になりました。

okawari column

世界に誇る「米の酒」日本酒

日本酒の歴史は、弥生時代から

　日本酒の原料は「米」。いろいろなつくり方がありますが、主に米と水、そして米麹からできる「米の酒」が日本酒なのです。

　日本人は、すでに弥生時代には日本酒をつくり、飲んでいたと考えられています。中国の文献『魏志』倭人伝には、「(倭人は)人性酒を嗜」とあるほか、死者を悼む際にも酒を飲んでいた、と古代日本人が酒を好んでいたことが強調されています。

　また『古事記』や『万葉集』に登場する「口噛酒」は、穀類を人間がかむことによって、唾液でデンプンをブドウ糖にかえ、これに空気中の酵母をつけることで発酵させた酒です。これが日本酒づくりのはじまりといわれています。

女性や世界から注目される日本酒

　日本酒というと、どういうイメージでしょうか。ちょっと前までは、おじさんっぽい、頭が痛くなる、飲みにくい —— と思われていたかもしれません。しかし、ひと口に日本酒といっても、その味わいはさまざま。つくり方も酒蔵によって異なります。近年では、米、水、米麹だけでつくった純米酒や、米をたくさん削ってすっきりとした味わいに仕上げた吟醸酒・大吟醸酒が、女性から人気のようです。

　ロンドンで毎年行われる「インターナショナル・ワイン・チャレンジ(IWC)」というワインの世界的なコンペティションがあります。世界最大規模のワインの協議会なのですが、2007年に「SAKE」、つまり日本酒の部門が設けられました。海外からも日本酒は注目を浴びているのです。

日本酒が日本の農業を救う!?

　現在、日本の米の消費量は年々減る傾向にありますが、こんな面白い数字があります。
○ 70%精米(米を3割削ること)の純米酒1升をつくるのに、約1kgの玄米が必要
これを田んぼの大きさに換算すると、「田んぼ1坪(3.3平方メートル)で、純米酒1升瓶が1本できる」そうです。

　また、精米歩合によって、さらに米が必要となります。具体的には、
○ 60%精米(米を4割削ること)の純米酒1升をつくるのに、約1.5kgの玄米が必要
○ 50%精米(米を5割削ること)の純米酒1升をつくるのに、約2kgの玄米が必要
——つまり、よりたくさん削った米でつくる日本酒を飲むほどに、田んぼが必要になるのです。減反や耕作の放棄などで田んぼが減っているのが社会問題となっていますが、日本酒を飲むことで、少しは解決の方向にむかうかもしれません。

ごはん検定 模擬問題集

　本書では、これまで学んできたお米やご飯に関する知識が、どのくらい身についているか確かめられる「ごはん検定」模擬問題集を用意しました。

　本番の検定試験は、下記の実施概要にあるように、60分間で80問が出題されます。模擬問題は、初級、中上級のレベル別に40問ずつ用意したので、ぜひ30分間でチャレンジしてみて下さい。

　合格基準は70％以上ですから、28問正答すれば合格です。

　解答には解説もついていますので、よく読みこんで本番の試験でも力を発揮できるように、何度も模擬問題に取り組んでください。

「ごはん検定 ーめしけんー」
○Aランク（初級）○特Aランク（中上級）試験実施概要

●受験資格
お米やご飯に興味のあるすべての方

●実施級
○Aランク（初級）
お米やご飯に関する基礎的な知識を身につけたい人向け。公式テキストで学習すれば、合格可能です。

○特Aランク（中上級）
お米やご飯に関して、歴史や栄養、生産・流通、日本各地に残るご当地おにぎりや郷土料理まで、幅広い知識を身につけたい人向け。公式テキストを読み込み学習すれば、合格可能です。

●出題範囲
『ごはん検定公式テキスト（本書）』から出題

●出題形式
両級ともマークシート形式（80問）

●合格基準
両級とも正答率70％以上

Aランク（初級）模擬問題

40問 / 30分

問1 「一汁三菜」「二汁五菜」など、伝統的な日本料理の献立の元になった料理様式は次のどれか。
①大饗料理　②本膳料理　③精進料理　④懐石料理

問2 次のご飯の基本の炊き方で間違っているものはどれか。
①米はスケールなどを使って、きっちりと計量する。
②洗米後、水を捨てたら米をすり合わせるようにソフトに揉む。
③水の入れ替えには、金ザルを使うとよい。
④炊き上がったらすぐに、シャリ切りと返しを行う。

問3 米の発祥の地として考えられている場所は次のどれか。
①メソポタミア（現在のイラク）　②メソアメリカ（現在の南アメリカ）
③長江（揚子江）中流域　④インドシナ半島

問4 古代の日本において、国家から農民に田が貸し出される制度のことを何といったか。
①班田収授　②律令制度　③租・庸・調　④神人共食

問5 全国規模での詳細な土地測量「太閤検地」を行ったは次の誰か。
①徳川家康　②足利尊氏　③織田信長　④豊臣秀吉

問6 1918年（大正7）に起きた「米騒動」の結果、起こった出来事はどれか。
①明治維新　②大日本帝国憲法の制定　③政党内閣の誕生
④世界恐慌

問7 1971（昭和46）年に、日本政府が都道府県ごとに米の生産数量目標を定めた生産調整のことをなんと呼ぶか。
① GATT・ウルグアイ・ラウンド　②水田総合利用　③減反　④ TPP

問8 クチナシから抽出したエキスで炊きこんだ黄色いご飯「黄飯（おうはん）」は、どの都道府県の郷土料理か。
①鹿児島県　②佐賀県　③大分県　④愛媛県

問9　秋田県の郷土料理ハタハタ寿司は、どのような調理方法で作られるか。
①ご飯に酢を混ぜる　　　②ご飯を発酵に使う
③ご飯を塩漬けにする　　④ご飯にハタハタを混ぜる

問10　岡山県のばら寿司は、その彩り華やかな見た目から「祭りずし」とも呼ばれ、藩主の池田光政公の教えを忍んだといわれますが、その教えとは以下のどれか。
①祭りの時には華やかな寿司をつくるよう
②地元の食材をなるべくたくさん入れるよう
③食膳を一汁一菜にするよう　　④食膳を一汁多菜にするよう

問11　高知県の郷土料理、姿寿司・田舎寿司・こけら寿司などの皿鉢(さわち)料理や酒がふるまわれる宴会のことを、地元では何と呼ぶか。
①おきゃく　　②おまわり　　③おいわい　　④はちきん

問12　おにぎり型による「おにぎり」と「おむすび」の呼び名について、正しいものはどれか。
①おにぎりは三角型で、おむすびはそれ以外の型をしている。
②おにぎりは丸型で、おむすびはそれ以外の型をしている。
③おむすびは俵型で、おにぎりはそれ以外の型をしている。
④型の違いによる、呼び名の違いはない。

問13　「梅干しおにぎり」が誕生するきっかけになったとされる歴史事象は次のうちどれか。
①平将門の乱　　②保元の乱　　③承久の乱　　④応仁の乱

問14　おにぎりの進化系としてブレイクした「おにぎらず」。その説明として、誤っているものはどれか。
①「おにぎらず」は、のりにご飯と具を平たく乗せてつくる。
②「おにぎらず」は、のりの四隅を畳んで包み、半分に切ってサンドイッチ状にする。
③「おにぎらず」は、ハムやチーズなど、平たい具材をつかうのに適している。
④「おにぎらず」は、マンガ雑誌の連載『美味しんぼ』で紹介されたのがきっかけで知られるようになった。

問15
福岡県のご当地おにぎり「かしわおにぎり」の説明として、誤っているのは次のうちどれか。
① 「かしわ」と呼ばれる鶏肉をつかったおにぎりのことを指す。
② 九州北部の郷土料理「かしわ料理」が起源である。
③ 福岡県柏地方が発祥である。
④ 福岡のうどん屋では、うどんとセットで出されることが多い。

問16
おにぎりに欠かせない「のり」の説明として、誤っているものは次のうちどれか。
① 奈良時代、のりは朝廷に納める貴重品とされていた
② 鎌倉時代、武士の間でのりおにぎりが広まった。
③ 江戸時代、のりの養殖がはじまった。
④ 明治時代、関西で味付けのりが広まった。

問17
次の米のうちもっとも精製された米はどれか。
① 胚芽米　　② ジャポニカ米
③ インディカ米　　④ 精白米

問18
一粒のお米から発芽した稲1本あたりから収穫できるお米の粒数は何粒か。
① 12　　② 120　　③ 1200　　④ 1万2000

問19
ご飯を中心とした食事において、ご飯は次のうちどれにあたるか。
① 主菜　　② 副食　　③ 副菜　　④ 主食

問20
冷たいご飯「冷や飯」には、どのような効果があるか。
① 甘みが増す　　② たんぱく質が増える
③ デンプンが増える　　④ レジスタントスターチが増える

問21
不足すると脚気を起こすビタミンは次のうちどれか。
① ビタミンA　　② ビタミンB₁
③ ビタミンC　　④ ビタミンD

問22
第3次食育推進計画において、1週間で共食する（ひとりではなく家族などと食べること）回数目標は何回か。
① 3回　　② 5回　　③ 7回　　④ 11回

問23 「食育」という言葉を初めて使った人は誰か。
①石塚左玄　②貝原益軒　③道元　④二木謙三

問24 食物繊維の働きのうち誤っているのは次のどれか。
①かむ回数を増やし、脳や消化器系への刺激をもたらす
②胃の中にとどまって、腹持ちをよくする
③体内で吸収され、エネルギーとなる。特に脳の働きを活性化させる
④コレステロールや血糖値の急激な上昇を抑える

問25 日本で広く食べられているお米の品種は何か。
①インディカ米　②ジャポニカ米　③ジャバニカ米
④ワイルドライス

問26 日本のお米の品種数にいちばん近い数字はどれか。
① 100　② 300　③ 600　④ 1000

問27 日本の品種ではないお米はどれか。
①和みリゾット　②カルナローリ　③華麗米　④笑みの絆

問28 日本で最も生産量の多い品種はどれか。
①コシヒカリ　②ササニシキ　③あきたこまち　④つや姫

問29 次のお米の品種名のうち、実際には存在しないものはどれか。
①ちゅらひかり　②風さやか　③おいでまい　④とちにしき

問30 明治時代に山形の阿部亀治が育成した良食味米はどれか。
①亀の尾　②コシヒカリ　③ササニシキ　④ゆめぴりか

問31 最近開発され市場に出回っている、または出回る予定のお米ではないものはどれか。
①新之助　②銀河のしずく　③青天の霹靂　④ななつぼし

問32 お米の味を食味計という機械で測る場合、スコア化する項目にあてはまらないものはどれか。
①アミロース　②たんぱく質　③水分　④鉄分

問33　お米の味が決まる要素にあてはまらないものはどれか。
①田んぼの周囲の環境　②品種
③肥料の中身　④田植えのスピード

問34　米粒に吸い付いて黒い斑点を生じさせる虫はどれか。
①カブトムシ　②クモ　③カメムシ　④アリ

問35　「コンバイン」とはどういう機械か。
①田植えをする　②稲刈りと脱穀をする
③田んぼを平らにする　④米粒を乾かす

問36　佐渡島で栽培されている「朱鷺と暮らす郷米」とはどのようなお米か。
①トキを飼育している生産者の田んぼで収穫されたお米
②トキの餌を増やすために農薬を極力使わずに栽培しているお米
③日本海の塩をまいた田んぼで収穫されたお米
④トキを捕獲した田んぼで栽培されているお米

問37　政府主導で行われている「生産調整」とは何か。
①お米の生産量を増やすこと
②お米の生産量を減らすこと
③お米消費拡大をPRすること
④新しい品種を開発すること

問38　籾がついた米粒と玄米との体積差はどの程度か。
①約2倍　②約10倍　③約100倍　④約200倍

問39　お米の流通を統制する「食糧管理制度」が実質的に廃止されたのはいつか。
①1950年代　②1970年代
③1990年代　④2010年代

問40　お米マイスターに問われる技術で正しくないものはどれか。
①精米技術　②商品解説技術
③ブレンド技術　④コンバイン運転技術

Aランク(初級) 解答と解説

問 1 正解 ②

解説▶「本膳料理(ほんぜん)」は、武士の正式な料理で室町時代にはじまり、江戸時代にかけて発達しました。①は奈良時代に中国から伝わり、貴族の料理として発展。③は中国の宋(そう)より伝わった料理で、植物性の材料のみを用いて作ります。④は鎌倉時代から安土桃山時代に、茶道と結びついて原型が作られた料理です。

問 2 正解 ③

解説▶金ザルは米が割れてしまうので、プラスチックのザルなどを使うとよいです。

問 3 正解 ③

解説▶米の起源地は「アッサム・雲南(うんなん)地域」説が定説でしたが、現在は「長江(ちょうこう)(揚子江(ようすこう))中流域」説が有力です。①は小麦、②はトウモロコシのそれぞれ起源地。

問 4 正解 ①

解説▶戸籍・計帳に基づき、6歳以上の男女に田んぼが与えられ、死後は返さなければならない制度。②は法律に基づく制度、③は税金のことで、それぞれ租(そ)=米、庸(よう)=労役、調(ちょう)=絹や綿などの布のこと。④は神にささげた食事を氏子(うじこ)が食べること。

問 5 正解 ④

解説▶豊臣秀吉は、日本中すべての田畑を調査の対象とした「太閤検地」を行いました。この手法は江戸時代にも引き継がれて、石高制の基礎をつくりました。

問 6 正解 ③

解説▶大正期、高騰する米の価格に腹をたてた民衆が、米を求めて全国で蜂起した「米騒動」は、倒閣の機運を高め、日本初の政党内閣の誕生につながりました。

問 7 正解 ③

解説▶政府が需要予測に基づいて、生産数量目標を決めて米の生産調整をすることを「減反(げんたん)」と呼びます。①は関税貿易一般協定、②は水田を大豆や小麦の畑に変換する政策、④は環太平洋経済連携協定。

問 8　正解 ③
解説▶大分県の郷土料理。キリシタン大名の・大友宗麟（おおともそうりん）の所領だった臼杵が発祥といわれています。祝い事や戦勝、もてなしの料理として赤飯の代わりに食べられてきました。

問 9　正解 ②
解説▶ハタハタ寿司は、ご飯を発酵に利用した寿司。「なれずし」の一種で、寿司の原型といわれています。

問 10　正解 ③
解説▶ばら寿司は、岡山藩主池田光政公（いけだみつまさ）の「食膳を一汁一菜にするよう」との倹約令を忍び、豊富な具材を混ぜ込み「一菜」としたことに由来するといわれています。

問 11　正解 ①
解説▶高知県では、酒宴を設けて人をもてなす文化のことを「おきゃく」と呼びます。④は、土佐弁で「強い女性」のことをいいます。

問 12　正解 ④
解説▶①、②、③とも一部でいわれてはいますが、すべて根拠のない俗説。地域によって呼び名に若干の偏りはあるものの、型によっての呼び名の違いは認められません。

問 13　正解 ③
解説▶1221（承久 3）年、源家が三代で途絶えた混乱に乗じ、朝廷への権力奪還を目論んだ後鳥羽上皇（ごとばじょうこう）が挙兵。対する源頼朝の妻・北条政子（ほうじょうまさこ）は東方の武士たちに、米と梅干しを与えるとして 20 万もの兵を集め、朝廷軍をわずか 2 ヶ月で鎮圧しました。

問 14　正解 ④
解説▶「おにぎらず」は 1991 年、講談社『週刊モーニング』で連載中の人気料理マンガ『クッキングパパ』で紹介されました。その後、レシピサイト「クックパッド」で注目されて大ブレイクしました。

問 15　正解 ③
解説▶「かしわ」は九州北部の方言で鶏肉のことを指し、「折尾のかしわめし」で有名な東筑軒（とうちくけん）（おりお）が駅弁として広めました。柏は千葉県内の中核市のひとつで、福岡県柏地方は実在しません。

問 16　正解 ②
解説▶のりの養殖がはじまったのは江戸時代。江戸の漁師が海中に支柱を立てて生育に成功。以降、のりが市場に流通するようになりました。おにぎりとのりの出合いも江戸中期とされています。

問17 正解 ④

解説▶玄米を精米して糠層を削ります。玄米→半づき米→胚芽米→精白米の順でもっとも精製された米は精白米です。

問18 正解 ③

解説▶一粒の米から発芽した稲1本あたりの収穫米粒は1200粒と言われています。

問19 正解 ④

解説▶日本型食生活では、主食（米、パン、パスタなどエネルギー源）と主菜（肉や魚や大豆などのたんぱく質源）と副菜（野菜、海藻、果物、漬物などのビタミン・ミネラル類）の組み合わせが、献立の基本となっています。

問20 正解 ④

解説▶ご飯を冷やすと、非デンプン性であるレジスタントスターチが増え、胃や腸に滞在する時間が長くなり、腹持ち効果、食後血糖値の上昇抑制効果がアップします。栄養学的には甘みは増しません。

問21 正解 ②

解説▶①は夜盲症、③壊血病、④はくる病です。第二次世界大戦で日本人は白米を食べていて脚気の患者が多かったことから、のちに慈恵医科大学病院を設立した高木兼寛は、病院食で七分づき米を出すようになりました。

問22 正解 ④

解説▶孤食対策として国が定めた目標回数は、週に11回の共食。各家庭のライフスタイルに応じて取り組みたい目標です。

問23 正解 ①

解説▶軍医であり、玄米で自らの腎臓病を克服した石塚左玄が「知育、食育、体育、徳育」と食育を造語したことが始まりといわれています。

問24 正解 ③

解説▶食物繊維は、他の栄養素と違って体内で吸収されませんが、相互作用を発揮することで、大腸がんや脂質異常症、肥満、糖尿病などの生活習慣病の予防に期待されています。

問25 正解 ②

解説▶日本で広く栽培されているジャポニカ米は、粘りが強く甘みがあるのが特徴です。日本ではほとんどのお米がジャポニカ米ですが世界を見渡すとインディカ種の方が多く栽培されています。

問26 正解 ③

解説 ▶日本のお米の品種数は、国に品種登録されている数が594品種、そのうち主食用とされるのが260品種（水稲、2014年3月31日現在）あります。

問27 正解 ②

解説 ▶②はイタリアの品種です。そのほかは日本のお米です。①はリゾット専用のお米、③はカレーに合うお米、④は寿司米に合うお米です。いずれも国立研究開発法人農業・食品産業技術総合研究機構で開発されました。

問28 正解 ①

解説 ▶「コシヒカリ」の生産量は全体の約30％を占めています。「ササニシキ」ですが、かつては「コシヒカリ」と並ぶ品種でしたが、今ではその生産量は全体の1％にも届きません。

問29 正解 ④

解説 ▶①は沖縄県、②は長野県、③は香川県で栽培されています。いずれも各県独自の品種です。③の「おいでまい」は四国で初めて日本穀物検定協会の食味ランキングで特Aを獲得した品種です。

問30 正解 ①

解説 ▶今の時代に広まっているいわゆる「良食味なお米」のほとんどが、この「亀の尾（かめのお）」の血を引いています。また、病気や寒さにも強いという点も大きな特徴です。「収穫が安定して味もよい」ということで全国に広まっていきました。

問31 正解 ④

解説 ▶ 2015（平成27）年には青森県から「青天の霹靂（せいてんのへきれき）」がデビュー。翌平成28年には岩手県から「銀河のしずく」、そして平成29年には新潟県から「新之助（しんのすけ）」がデビューの予定です。

問32 正解 ④

解説 ▶①のアミロースの値から、そのお米がもっちりしているかどうかが分かります。②のたんぱく質が多いと逆に硬めに感じるようですが、人間の舌で感じる場合、必ずしもたんぱく質が低い方がいいとは限りません。

問33 正解 ④

解説 ▶お米の味は、「品種」「産地」「生産者」で決まります。生産者は、お米の持つポテンシャルを最大限生かすために、与えられた周囲の環境、例えば土、風、日光、水などを最大限生かしてお米を栽培しています。

問34 正解 ③

解説▶カメムシが米粒に吸い付いたあとは、黒い斑点になります。この黒い斑点があるお米粒があまりに多いと、生産者は通常よりも安い値段で売ることになります。なお人間が食べても害はありません。

問35 正解 ②

解説▶単に稲刈りをする場合は「バインダー」という機械になります。コンバインは稲刈りと同時に脱穀まで行います。「脱穀」とは、米粒を茎からはずすことを指します。③はレベラーという機械を使います。

問36 正解 ②

解説▶トキのえさはドジョウといった水棲生物が主なので、田んぼは重要な餌場になっています。佐渡島ではトキが放鳥される前から、幾人かの生産者が協力して減農薬や無農薬でお米を栽培していました。

問37 正解 ②

解説▶「生産調整」の方法としては稲作の面積を減らす「減反」、田んぼでお米以外の作物を栽培させる「転作」などがあります。最近では家畜の餌となる「飼料用米」の栽培があります。

問38 正解 ①

解説▶籾で保存する場合は、玄米よりも防虫や防カビ効果が高いと言われています。そうしたメリットを差し置いても玄米で保管する方が一般的なのは、体積の問題があります。籾が付いたままのお米は、玄米の約2倍の体積があります。

問39 正解 ③

解説▶かつてお米の流通は、戦争の最中に整えられた「食糧管理制度」により厳しく統制されていました。お米が不足している時代でしたので、なるべく均等に全国民にお米が行きわたることを目的としていました。ところがお米が余る時代になってくると統制の必要もなくなり、やがて1995（平成7）年に食管制度が実質的に廃止されたのです。

問40 正解 ④

解説▶その他「全国の田んぼからおいしいお米を探すこと」「お米の品質を見極めること」「鮮度を保つ保管方法のこと」「おいしい『ごはん』の炊き方のこと」などを身につけることが求められます。

特Aランク(中上級)模擬問題

40問 / 30分

問1 中国で楊貴妃が美容食と愛用していたとされる米は下記のどれか。
①白米　②玄米　③赤米　④黒米

問2 世界三大穀物と呼ばれる穀物と、その起源の地(現在の国名)の組み合わせで正しいものはどれか。
①小麦×ロシア
②トウモロコシ×北アメリカ
③稲×中国
④稲×インドネシア

問3 次の米とその特徴の組み合わせで正しいものはどれか。
①ジャポニカ米×温帯地域が生産地×粘り気が弱い
②インディカ米×温帯地域が生産地×粘り気が弱い
③ジャポニカ米×熱帯・亜熱帯地域が生産地×粘り気が弱い
④インディカ米×熱帯・亜熱帯地域が生産地×粘り気が弱い

問4 天皇が毎年11月23日に皇居の水田で行っている稲作祭祀儀礼はどれか。
①新嘗祭　②大嘗祭　③勤労感謝　④賜剣の儀

問5 武士や貴族を中心に栄えた各料理の形式とその時代に食べられていた飯の形式、時代の組み合わせで正しいものはどれか。
①大饗料理×姫飯×平安時代
②大饗料理×強飯×平安時代
③本膳料理×姫飯×鎌倉時代
④本膳料理×強飯×鎌倉時代

問6 1942(昭和17)年に制定され、政府が米を直接統制することを可能とした法律は次のどれか。
①米穀統制法　②国家総動員法　③食糧管理法　④食糧緊急措置令

問7 奈良県の郷土料理「茶粥」にゆかりの深い寺院は次のどれか。
①法隆寺　②唐招提寺　③東大寺　④春日大社

問8 昆布の生産地ではないのに、全国で有数の昆布の消費地の都道府県はどこか。
①北海道　②岩手県　③山口県　④沖縄県

問9 次のお米の炊き方のうち、正しいものはどれか。
①玄米は圧力釜で炊く場合は、浸水しなくても柔らかく炊ける
②精白米は浸水させる必要がないので、炊飯器ですぐに炊飯をスタートしてよい
③玄米は炊飯器に「玄米・雑穀」モードがない場合は、目盛りよりもちょっと少なめに水を入れる
④夏場に精白米を炊く場合は、気温に合わせてぬるま湯で炊くとおいしくなる

問10 次の郷土料理とよく食べられている地域の組み合わせで正しいものはどれか。
①手こね寿司×長野県　　②めはり寿司×高知県
③冷や汁×宮崎県　　　　④酒寿司×青森県

問11 次の寿司に関する組み合わせのうち、間違っているものはどれか。
①なれずし×鮒寿司　　②なれずし×ます寿司
③早寿司×ばら寿司　　④早寿司×箱寿司

問12 日本初の学校給食には「おにぎり」が出された。この小学校の所在地は、現在のどこか。
①青森県弘前市　　②山形県鶴岡市
③長野県松本市　　④山口県萩市

問13 次のうち、ご当地おにぎりと県名の組み合わせとして、誤っているものはどれか。
①ぼたっこのだまっこ―秋田県
②弁慶飯―宮城県
③けんさ焼きおにぎり―新潟県
④苗めし―京都府

問14 おにぎりの具材と言えば、まずは梅。その梅に関する説明として誤っているものは次のうちどれか。
①梅の生産量日本一は和歌山県だが、カリカリ梅の原料となる小梅の生産量日本一は群馬県である。
②「南高梅」の「南高」は和歌山県立南部高校のことを指す。
③平安時代、梅干しは医薬品として重宝されていた。
④梅干しに多く含まれるクエン酸は、食中毒の原因になる細菌の繁殖を抑える効果がある。

問15 おにぎり1個あたりの塩分量として、最も適当なものは次のうちどれか。
① 0.3g～0.5g　② 0.8g～1.0g　③ 1.3g～1.5g　④ 1.8g～2.0g

問16 富山県のご当地おにぎりといえば「とろろ昆布おにぎり」だが、その説明として誤っているものは次のうちどれか。
①富山湾は日本有数の昆布の産地である。
②県庁所在地の富山市は、昆布消費量日本一である。
③富山は江戸時代「北前船」の中継地として栄え、昆布文化が根付いた。
④富山ではおにぎりだけでなく、昆布〆など多くの郷土料理に昆布が使われている。

問17 次のうち全粒穀物はどれか。
①イチジク　②小麦粉　③アマランサス　④精白米

問18 以下の食材のうち、歴史的にもっとも古いものはどれか。
①大豆　②米　③大根　④ブドウ

問19 食事ガイドライン「My plate」は、どの国のものか。
①イギリス　②アメリカ　③フランス　④イタリア

問20 次の米とその機能性の組み合わせのうち、正しくないものはどれか。
①金芽米 ― 脳のエネルギー源となる
②黒米 ― 視力低下の予防
③発芽米（発芽玄米）― 糖尿病の予防
④低たんぱく米 ― 心疾患の予防

問21 次の米のうち、認知症予防に効果が期待できるお米はどれか。
① 発芽玄米　　② 玄米　　③ 胚芽米　　④ 金芽米

問22 日本人はお米から1日あたり約何グラムの食物繊維を摂取しているか。
① 0.5 グラム　　② 1 グラム　　③ 2 グラム　　④ 3 グラム

問23 穀類とその加工品に関する以下の記述で、正しいものはどれか。
① トウモロコシは、イネ科である
② 二条大麦は、押麦として利用される
③ デュラム小麦のセモリナ粉のたんぱく質含量は、小麦粉（薄力粉）より少ない
④ 精白米のアミノ酸スコアはそば粉よりも高い。

問24 ギリシャ語で「子宝」の意味があり、老化防止のビタミンといわれているのは次のどれか。
① ビタミンA　　② ビタミンD　　③ ビタミンE　　④ ビタミンF

問25 世界におけるお米の栽培状況について正しく述べているのはどれか。
① 世界で最も米の生産量が多い国はタイである。
② アジアを中心に稲作が広まっており、アフリカやヨーロッパでは見られない。
③ 日本の米の生産量は世界でも有数で、常に上位3位までに入っている。
④ アジアの米の生産量が世界に占める割合は約60％である。

問26 お米の品種名と用途を正しく組み合わせたものはどれか。
① ヒエリ…表面の糠層の色素で白米に色をつける。
② 亀の尾…丈が長く、しめ縄をつくるためだけに栽培している。
③ 美山錦…酒造好適米として日本酒の原材料として使われる。
④ みやこがね…明治時代から良食味米として知られるうるち米である。

問27 「LGCソフト」というお米の用途につき正しく述べたものはどれか。
① 単位面積当たりの収量が多いため、主に飼料用米として使われる。
② 硬めの食感であり、主に米粉麺の原材料として使われている。
③ 花粉症の人がこれを食べ続けると、その症状が段々とやわらいでくる。
④ たんぱく質の摂取を制限されている人が食べるお米である。

問28 各都道府県とその当該地域で最も生産量が多い品種の組み合わせとして、間違っているものはどれか。
① 北海道―ななつぼし　　② 新潟県―コシヒカリ
③ 佐賀県―さがびより　　④ 山形県―つや姫

問29 各地域の品種について正しく述べているものはどれか。
①「あきたこまち」は秋田県以外でも栽培されていて、例えば長野県や千葉県が当てはまる。
②「あいちのかおり」は愛知県の代表的な品種だが、その特徴は粒が小さく粘りが強いところである。
③「つや姫」は山形県以外でも栽培されていて、例えば秋田県や宮城県が当てはまる。
④ 各都道府県で「奨励品種」の指定が出来るのは1品種のみと定められている。

問30 コシヒカリの系統図のなかで祖先にあてはまらないものはどれか。
① 亀の尾　② 旭　③ 初星　④ 農林一号

問31 お米の味を、ア）粘りと甘みを重視した品種、イ）粒の大きさ、主張がはっきりしている品種と分けた場合、どちらかといえばア）にあてはまるのはどれか。
① ゆめぴりか　② つや姫　③ ササニシキ　④ おいでまい

問32 日本穀物検定協会が実施している「食味ランキング」について、正しく述べているものはどれか。
① 検査対象となるお米は、産地が異なっても同じ品種の場合は同じとみなしている。
② 平成27年産のお米で検査対象になっていない産地は、東京・大阪・沖縄である。
③ 評価員の評価ポイントは外観・香り・味・粘り・硬さの5つである。
④ 検体と比較する基準米は、複数産地のひとめぼれブレンド米である。

問33 稲作における作業の中身について正しく述べているものはどれか。
① 種籾を消毒するのは「ばか苗病」「いもち病」などの菌を取り除くことにあるが、薬で消毒する以外に、氷水に漬けて消毒する場合もある。
② 田植え前にまずは水を入れずに田んぼの土をほぐす作業を「代かき」と言う。
③ 水を田んぼに入れたうえで土をかき混ぜる作業はコンバインで行う。
④ 田植えは 1960 年代以降に開発が進んだ「田植え機」の導入に伴いだんだんと効率化されていった。

問34 稲作における作業の中身や稲作に関する言葉について正しく述べているものはどれか。
①「中干し」とは田んぼに棲んでいる虫や小動物を駆逐するために行われる。
②「除草」とはあまり成長していない稲を間引きすることを指す。
③ 畔の雑草をきちんと刈り取ることにより、カメムシの被害が少なくなる。
④ 夏の日照不足や低温により稲が「ばか苗病」になり収量が落ちてしまう。

問35 収穫後の「乾燥」について正しく述べているものはどれか。
① 収穫後は、まず米粒から籾殻を除去した上で乾燥機に入れる。
② 米粒を乾燥させる目的は、この段階でデンプンをアルファー化させるためである。
③ 乾燥方法は風によるものがあるが、これはすべて自然まかせである。
④ 米粒を乾燥させることにより、米粒の水分はだいたい 15％程度にまで落ちている。

問36 除草方法について間違って述べているものはどれか。
① 除草剤で雑草が生えないようにする（もしくは枯らす）方法
② チェーン除草など、人力で物理的に引き抜く方法
③ イトミミズの力を借りて雑草が生えないようにする方法
④ ニホンザルなど動物の力を借りて物理的に引き抜く方法

問37 お米にまつわるお金の話について、間違って述べているものはどれか。
①生産者がお米を60kg栽培するのに必要な経費は約2万円である。
②生産者が米屋にどのような値段でお米を販売しても罰則はない。
③マーケットにおけるお米の買取り価格は、農協が決めた価格の影響を受ける。
④生産者の経費の内訳を見ると、肥料代や農機具代が大きいことが分かる。

問38 農産物検査について正しく述べているものはどれか。
①農産物検査を受けない玄米であっても、品種名は名乗ることができる。
②農産物検査を受けることにより、放射性物質の有無も分かる。
③農産物検査を受けることにより、その玄米の品質も格付けされる。
④農産物検査で格付けされた玄米を白米にしても、格付け情報を付記する必要がある。

問39 お米の流通について正しく述べているものはどれか。
①お米を保管する場合は、お米の温度（穀温）を15度にすることにより、玄米の呼吸を抑制でき、害虫やカビの繁殖も抑えることができる。
②夏の酷暑の影響で米粒が白濁する場合があるが、これは白濁した部分のデンプンがたんぱく質へと化学変化しているために起きている。
③現在でもお米を販売することができるのは、お米販売の免許を有している事業者のみで、この免許は各地の農政局の裁量で決められている。
④一般消費者のお米購入先は、米屋が最も多くなっている。

問40 一般消費者が購入するお米の袋に記載されている事項について正しく述べているものはどれか。
①米袋に精米年月日を記載するかどうかは販売者の意思にまかされている。
②ブレンド米の場合、米袋に品種名は記載するが、ブレンド割合は記載しなくてもいい。
③米袋に「新米」シールを貼れるのは、収穫年の年内に精米されたお米のみである。
④米袋には必ず生産者の顔写真を掲載しなければならない。

特Aランク(中上級)解答と解説

問1 正解 ④
解説▶中国原産の黒米には2000年以上の歴史があるといわれています。

問2 正解 ③
解説▶稲の起源はインドのアッサム地方や、中国の雲南地域、長江流域だと考えられています。小麦はメソポタミア（イラクの一部）、トウモロコシは南アメリカが発祥の地です。

問3 正解 ④
解説▶世界の米のメジャー品種のインディカ米は、熱帯・亜熱帯地域が主な生産地で、粘り気が弱く、パラリとした口あたりが特徴です。

問4 正解 ①
解説▶②は新たに即位した天皇が、はじめて行う新嘗祭のこと。④は「しけんのぎ」と読み、皇室に子どもが生まれたときに天皇から成長を願って守り刀を賜る儀式です。

問5 正解 ②
解説▶大饗料理は平安時代の貴族の食事形式で、この時代に常食されていた飯は、米を蒸した強飯。本膳料理は、室町～江戸時代に発達した武家の食事形式で、この時代には水を加えて炊飯する姫飯が食べられていました。

問6 正解 ③
解説▶①は1931（昭和6）年に制定され、最低価格による政府の無制限買入義務を明示した関節統制的な統制を可能とした法律、④は戦後の1946（昭和21）年に制定され、生産者が米などの供出に応じない場合は、無理やり供出を可能とした法律。

問7 正解 ③
解説▶茶粥は、毎年3月に東大寺二月堂で行われる行事「修二会」で、僧侶が食べる夜食として現在も伝えられています。

問8 正解 ④
解説▶沖縄県では昆布はとれないが、江戸時代に北前船の航路だったことから、北海道産の昆布が運ばれ、多くの郷土料理に欠かせない食材として根づきました。

問9　正解①

解説▶玄米を炊飯器で炊く場合は、精米していない分、長時間浸水してから炊く必要がありますが、圧力釜を使う場合は浸水しなくても柔らかく炊けます。

問10　正解③

解説▶冷や汁は、宮崎県の郷土料理で、ほぐした焼き魚とゴマなどの薬味を味噌に加えて、だし汁でのばし、氷で冷やした味噌汁。ご飯にかけ回して食べます。①は三重県、②は和歌山県、④は鹿児島県のそれぞれ郷土料理。

問11　正解②

解説▶魚を乳酸菌によって発酵させた「なれずし」に対して、酢をご飯にかけて熟成味を出す寿司を「早寿司」と呼びます。富山県の郷土料理のます寿司は、木製の丸い形の器に笹の葉を敷いて、塩で味つけしたマスの切り身を並べ、酢飯を押し込み笹でくるみ、重石をして寝かせて作る「早寿司」の一種です。

問12　正解②

解説▶1889（明治22）年、山形県鶴岡町（現・鶴岡市）の私立忠愛小学校で貧困児童を対象に、日本で初めて「給食」を実施。当時の献立は、おにぎり、焼き魚（塩ザケ）、菜の漬物の3品でした。

問13　正解②

解説▶弁慶飯は、山形県庄内地域に伝わる郷土料理。青菜漬けをのせたり包んだりして味噌を塗り、あぶって焼きおにぎりとして食べます。昔は茶碗2杯分程度のご飯でつくっていたそうです。

問14　正解①

解説▶小梅の生産量日本一は長野県で、大半は南信州で栽培されています。ちなみに、セブン‐イレブン‐ジャパンを設立した鈴木敏文氏の出身も長野県。

問15　正解②

解説▶一般的に、おにぎり1個あたりのご飯の量は80～100g程度。おにぎりに適した塩分量はご飯の分量の1％程度とされるので、おにぎり1個あたりの適正塩分量は0.8g～1.0gとなります。

問16　正解①

解説▶昆布の産地で有名なのは、実に9割を占める北海道。水深が深い富山湾では昆布はほとんど採れません。江戸時代、富山は蝦夷（北海道）の昆布を京都や大坂に運ぶ、北前船の中継地として栄えました。

問17　正解③

解説▶水をあげれば発芽するのが全粒穀物。食物繊維、ビタミン、ミネラルが豊富なことから世界的に注目されています。

問 18　正解 ① 　解説▶山梨県の酒呑場遺跡で縄文時代の大豆の化石が発掘されています。米は縄文後期〜弥生時代に中国から伝わったとされています。

問 19　正解 ② 　解説▶「My plate（マイ プレート）」は、米国農務省 USDA が定めた、健康な食生活を推進するための食事ガイドライン。1 枚の皿を 4 つのグループに分け、そのお皿にまんべんなく盛り付けることで過食を防ぎ、栄養バランスがとれるように視覚的に考えられています。

問 20　正解 ④ 　解説▶低たんぱく米は、腎臓病や糖尿病などを患う人向けの米で、腎臓や肝臓にかかる負担を減らすことができます。

問 21　正解 ① 　解説▶①「発芽玄米」は発芽するときにγ-アミノ酪酸（GABA）が増えることから、認知症予防に効果が期待できるといわれています。

問 22　正解 ③ 　解説▶平成 25 年国民健康・栄養調査によると、日本人は、個々の野菜や穀物で比較するとトマトやホウレンソウやゴボウよりも、「米」を食物繊維の供給源にしていました。

問 23　正解 ① 　解説▶トウモロコシはイネ科の植物。②の押麦は精白した大麦や燕麦を，蒸したのち押しつぶして 乾かしたもの。

問 24　正解 ③ 　解説▶ビタミン E の化学名のトコフェロールにギリシャ語で「子宝」の意味を持つ。④は存在しない。

問 25　正解 ④ 　解説▶お米の産地を見渡すと、東アジア、東南アジア、南アジアをはじめ、ヨーロッパやアフリカ、南北アメリカでも栽培されており、私たちが思っている以上に世界各地で広く栽培されています。特にアジアでの生産量が多く、世界の生産量の約 60％を占めています。

問 26　正解 ③ 　解説▶①は香り米の名前です。②は明治時代から良食味米として知られるお米です。その頃ほかに「愛国」「神力」と言ったお米がありました。現代では酒米としても使われています。③は秋田県の酒米。④はもち米。

問 27　正解 ④ 　解説▶LGC ソフトとは、含まれているたんぱく質の量が少ない「低たんぱく米」の一種です。同じようなお米に「春陽」というお米もありますが、いずれも腎臓病患者が摂取するためのお米です。③はまだ開発段階で世の中には出回っていません。

問28 正解 ④

解説▶北海道では最近、「ゆめぴりか」が有名ですが、比較的最近のお米なので生産量は「ななつぼし」の方が多くなっています。山形県では「つや姫」が有名ですが、「はえぬき」の生産量は非常に多く、平成27年産で全国第6位を誇ります。

問29 正解 ①

解説▶「あきたこまち」はそのほか、山形県や茨城県でも栽培されています。②の「あいちのかおり」は粒が大きく寿司米として広く使われています。③は宮城県のほか、島根県で栽培されています。④の奨励品種は各地域で複数品種が指定されています。

問30 正解 ③

解説▶「亀の尾」、「旭」、「農林一号」はいずれも「コシヒカリ」の祖先。「コシヒカリ」は「農林一号」と「農林二十二号」の間から生まれました。「亀の尾」、「旭」は明治時代の代表的なお米です。③の「初星」は「ひとめぼれ」の親にあたる品種で「コシヒカリ」から生まれました。

問31 正解 ①

解説▶「ゆめぴりか」は北海道のお米としては、今までにない甘味と粘りを実現させました。成分的にはデンプンの「アミロース」の含有量が少なく、もち米のような食感になっています。同じような品種に「ミルキークィーン」があります。

問32 正解 ②

解説▶①産地が違えば同じ品種であっても違うものとみなして検査を実施しています。③これらに「総合評価」を含めた6つです。④基準米は複数産地のコシヒカリブレンドです。この基準米に対して各評価項目がどの程度いいのか、悪いのかで評価する「相対評価」で結果を出しています。

問33 正解 ④

解説▶①の消毒は薬を使用する以外では温湯で消毒する場合があります。60℃のお湯に10分間漬けたのち、すぐに冷水（流水）に浸けてしばらくゆすりながら冷やします。②の説明は「田起し」です。②の作業と③の作業はトラクターで行う場合が多いようです。

問34 正解 ③

解説▶畔に雑草が生えているとそこに棲むカメムシが田んぼの中に入り、米粒に吸い付いて黒い斑点をつけてしまうので、そういった被害を減らすために畔管理は大切です。①は田んぼの中のガスを抜くために行います。④は正しくは「いもち病」です。

問35 正解 ④

解説▶①は手順が逆です。乾燥させてからでないと、籾殻を除去（籾摺り）することは難しいでしょう。③動力で貯蔵庫の中で台風のような風を起こして乾燥させる方法があります。ただ、最近では熱で乾燥させる方法が一般的です。

問 36 正解 ④

解説▶④の代表的な方法は合鴨（あいがも）農法です。ヒナの段階から田んぼに放して合鴨に雑草を食べてもらう方法です。ヒナは自分より大きい草は食べませんので、ある程度、苗が大きくなってから放されます。③は「イトミミズ」が排出する糞が、「トロトロ層」という柔らかい土壌を作り出します。この柔らかい土壌のお陰で、雑草の種は地中深くまで潜ってしまい、発芽することができなくなるのです。

問 37 正解 ①

解説▶お米60kgを栽培するのに必要な経費は、農林水産省の資料によると、おおよそ1万5000円台の半ばです。これに対してお米の買取り価格は、農協が決める概算金で左右されますが、当然のことながら毎年の相場により上下します。そのため、品種や産地によっては採算割れを起こすこともあります。

問 38 正解 ③

解説▶①農産物検査を受けない玄米は、「コシヒカリ」や「つや姫」と名乗って一般消費者に販売することはできません。②別途、放射性物質検査を受ける必要があります。④白米になった場合は等級の格付けは明記する義務はありません。

問 39 正解 ①

解説▶適度な温度と湿度で保管することにより、お米の古米化のスピードを緩めることができ、また虫の発生も防げます。②白濁した部分は空気が入り込んで空洞になっているからです。③現在は届出制になっているので誰が販売しても実質は自由です。④米屋で購入する人は全体の4％にも届きません。

問 40 正解 ③

解説▶例えば平成28年産であれば、平成28年12月31日までに精米したお米を指します。①法律で定められています。②品種名を記載する場合は、各品種の産地・産年・品種名・割合を併記します。④生産者の情報は記載しなくともよく、販売者または精米工場の情報は必要になります。

●参考文献
『コメを選んだ日本の歴史』原田信夫著／文春新書
『米の語る日本の歴史』旗手勲著／そしえて
『江戸の食卓　おいしすぎる雑学知識』歴史の謎を探る会編／夢文庫
『食文化概論』調理師養成教育全書　必修編／社団法人全国調理師養成施設協会
『近代文化研究叢書3　おにぎりに関する研究』小田きく子著／昭和女子大学近代文化研究所
『おにぎり』川越晃子著／グラフィック社
『物語 食の文化』北岡正三郎著／中公新書
『にっぽん「食謎」紀行』伊丹由宇著／ワニブックスPLUS新書
『日本料理語源集』中村幸平著／旭屋出版
『精選版日本国語大辞典』小学館編
『風土記』吉野裕訳／平凡社
『駅弁学講座』林順信・小林しのぶ共著／集英社新書
『お米・ごはんBOOK』公益社団法人　米穀安定供給確保支援機構
『咀嚼の本－噛んで食べることの大切さ－』特定非営利活動法人日本咀嚼学会編／財団法人口腔保健協会
『LUVTELLI Ⅱ　BASIC NUTRITION BOOK ABOUT VITAMINS & MINERALS』一般社団法人 Luvtelli
『純米酒Book』山本洋子著／グラフ社

●雑誌
『食行動の原動力：腸脳コミュニケーション』Hans-Rudolf Berthoud著／「医と食」vol.2 no.1. 2010年
『グルコース摂取は必要か─ケトン食から糖尿病治療まで』高田明和、太田成男、渡邊昌著／「医と食」vol.2 no.6. 2010年
『米糠の健康影響』加藤浩司、橋本博之、築野卓夫著／「医と食」vol.5 no.3. 2013年
『漢方薬と身近な植物　稲』田中耕一郎著／「医と食」vol.5.no.4. 2013年
『大規模災害で避難者に温かい食事が届かない現実』平川あずさ著／「食べ物通信」2014年9月号
『アミロペクチン長鎖米（超硬質米）の特徴と利用について』大坪研一、中村澄子著／「医と食」vol.7 no.1. 2015年
『アジアにおける米機能表示』E-Siong Tee著／「医と食」vol.7 no.1. 2015年
『日本食品標準成分表と米』渡邊智子著／「医と食」vol.7 no.2. 2015年
『児童の朝食摂取状況向上のための調理行動推進の効果─こどもの未来につながる食育を目指して』小切間美保、甲斐永里著／「医と食」vol.7 no.3. 2015年
『お米の品種開発と食味』清水宜之著／「医と食」vol.8 no.2. 2016年
『穀物繊維の有用性と最新研究動向について』青江誠一郎著／月刊「フードケミカル」2016年年5月号
『農業と医療をつなぐ米加工、日本から海外へ』別府茂著／「医と食」vol.8 no.3. 2016年
『食育10年の成果と今後』穴井元尚、和田勝行、渡邊昌著／「医と食」vol.8 no.3. 2016年

●論文
Bui TN, Le TH, Nguyen do H,et al. Pre-germinated brown rice reduced both blood glucose concentration and body weight in Vietnamese women with impaired glucose tolerance. J Nutr Sci Vitaminol (Tokyo). 2014;60(3):183-7.
Heinritz SN, Weiss E, Eklund M,et al. Intestinal Microbiota and Microbial Metabolites Are Changed in a Pig Model Fed a High-Fat/Low-Fiber or a Low-Fat/High-Fiber Diet. PLoS One. 2016 Apr 21;11(4).

●参考サイト
全国学校給食連合会　http://www.zenkyuren.jp/lunch/
学校給食歴史館（北本市観光協会）
http://www.machikan.com/kyusyoku/
公益財団法人石川県埋蔵文化財センター
http://www.ishikawa-maibun.or.jp
千葉県海苔問屋協同組合　http://www.chuokai-chiba.or.jp/
山本海苔店　http://www.yamamoto-noriten.co.jp
農山漁村の郷土料理百選
http://www.rdpc.or.jp/kyoudoryouri100/
日本穀物検定協会　http://www.kokken.or.jp/
おかわりJAPAN　http://okawari-lab.net/
お米マイスター全国ネットワーク
http://www.okome-maistar.net/
特定非営利活動法人日本咀嚼学会
http://sosyaku.umin.jp/
学校食事研究会　http://www.gakkounosyokuji.com/
（その他関係各都道府県・市町村ウェブサイト）

●協力者
一般社団法人日本ソルトコーディネーター協会
おにぎり浅草宿六
株式会社山本海苔店

●写真提供協力団体（第3章）
（一社）秋田県観光連盟
秋田市
宮城県観光課
（公財）東京観光財団
信州・長野県観光協会
（公社）富山県観光連盟
伊勢志摩観光コンベンション機構
（公社）びわこビジターズビューロー
吉野寿司株式会社
和歌山県観光連盟
岡山県観光連盟
広島県
高知まるごとネット
今治市観光部
（公社）ツーリズムおおいた
熊本県
（公社）鹿児島県観光連盟

さくいん

あ

合鴨農法 —— *118*
あきたこまち —— *101, 102, 103*
畦管理 —— *115*
アミラーゼ —— *92*
アミロース —— *76, 107, 108*
塩梅 —— *77*
いかめし —— *51*
育苗 —— *114*
田舎寿司 —— *62*
稲刈り —— *116*
いもち病 —— *115*
インディカ米 —— *9, 35, 76, 82, 98*
栄養改善法 —— *47*
縁故米 —— *125*
黄飯 —— *63*
お米マイスター —— *122*
おにぎらず —— *5, 78*

か

脚気 —— *42, 85*
GATT（関税貿易一般協定）—— *48*
かて飯 —— *68*
カルナローリ —— *100*
乾燥 —— *116*
飢饉 —— *42*
ギャバ —— *88*
給食 —— *43, 69*
巨大胚芽米 —— *90*
きりたんぽ —— *52*
銀シャリ —— *46*
金芽米・金芽ロウカット玄米 —— *88, 89*
減反 —— *48, 119*
玄米 —— *22, 83*
高アミロース米 —— *100*
口内調味 —— *95, 111*
石高制 —— *40*
コシヒカリ —— *101, 103*
古代米 —— *22*
五平餅 —— *54*

米会所 —— *41*
米騒動 —— *44*
米糠 —— *87*
強飯 —— *8, 68*

さ

酒寿司 —— *64*
笹寿司 —— *55*
ササニシキ —— *101*
雑穀米 —— *22*
さんま寿司 —— *58*
塩かます —— *68*
自主流通米 —— *121*
七分づき米 —— *82*
JAS法 —— *126*
ジャポニカ米 —— *9, 35, 76, 82, 98*
シャリ切り —— *21*
食育基本法 —— *94, 95*
食味計 —— *107*
食味ランキング —— *110*
食物繊維 —— *86, 93*
食糧管理制度 —— *45, 46, 121*
食糧メーデー —— *46*
除草 —— *115*
しらた —— *120*
代かき —— *114*
神人共食 —— *39*
浸水 —— *20*
神饌 —— *39*
新米 —— *126*
炊飯 —— *21, 23, 76*
姿寿司 —— *62*
スティックおにぎり —— *5, 78*
生産調整 —— *119*
精白米 —— *22, 82*
政府米 —— *121*
精米 —— *123*
世界三大穀物 —— *9, 34, 98*
選抜育種 —— *35*
洗米 —— *19*
全粒穀物 —— *87*

染飯 —— 68

 た

大饗料理 —— 38
太閤検地 —— 40
大嘗祭 —— 38
鯛めし —— 60
田植え —— 114
田起し —— 114
高菜めし —— 61
たこめし —— 61
脱穀 —— 116
だまこ餅 —— 52
地租改正 —— 43
茶粥 —— 57
超硬質米 —— 90
つや姫 —— 102, 104
低たんぱく米 —— 88, 89, 100
TPP（環太平洋経済連携協定）—— 48
手こね寿司 —— 56
手塩 —— 77
デンプン —— 79, 84, 92
冬期湛水 —— 118
糖質オフ —— 93
屯食 —— 67

 な

直会 —— 39
中干し —— 115
菜めし —— 57
なれずし —— 39, 57
新嘗祭 —— 38
日本穀物検定協会 —— 110
日本酒 —— 133
農業基本法 —— 48

 は

胚芽米 —— 83
箱寿司 —— 59

播種 —— 114
ハタハタ寿司 —— 51
発芽玄米 —— 22, 83
はらこめし —— 53
ばら寿司 —— 59
半づき米 —— 82
班田収授 —— 38
常陸国風土記 —— 67
ビタミンB_1 —— 85
備蓄米 —— 121
ひとめぼれ —— 101, 103
ヒノヒカリ —— 101, 103
姫飯 —— 40
冷や汁 —— 63
兵糧 —— 39, 68
品種改良 —— 130
品種登録 —— 99
フーチーバージューシー —— 64
深川丼・深川めし —— 53
鮒寿司 —— 57
ふるい —— 116
ブレンド米 —— 127
米穀統制法 —— 45
米穀法 —— 44
糯 —— 39
本膳料理 —— 3, 40

 ま

ます寿司 —— 55
マルトース —— 92
My Plate —— 87
水管理 —— 115
明治農法 —— 43
めはり寿司 —— 58
芽吹き米 —— 89
籾摺り —— 116

 や

ゆめぴりか —— 102

監修　お米マイスター23区ネットワーク　東京都ごはん区

お米の博士号「お米マイスター」の有資格者達が、ごはんの楽しみ方を提案すべく立ち上げたグループ。「東京都ごはん区」という名前は、メンバー全員が都内で米屋を経営していることに由来する。お米と消費者を「ごはんの楽しさ」をキーに結びつけるべく、都内各地のイベントに積極参加。参加実績「ごはんフェス」「東京"粋な"ごはんグランプリ」「目黒のさんま祭り」「北区　秋のフェスティバル」「JAPAN FISHERMAN FESTIVAL」等。
https://www.facebook.com/OkomeMeister

一般社団法人　おにぎり協会

日本人なら誰しも口にしたことがある「おにぎり」。世界的に寿司や天ぷらなどと比べ認知度が低い「おにぎり」を、世界中の人々に味わっていただき、日本の実質的な食文化を理解してもらうべく活動中。2015年ミラノ万博出演。2016年カタールでイベント開催。2020年東京オリンピック開催に向け「おにぎり」の地位向上を目指す。http://www.onigiri-japan.com/

装丁・ロゴデザイン：山口真里（SPAIS）
アートディレクション：熊谷昭典（SPAIS）
ブックデザイン：山口真里、宇江喜桜（SPAIS）、田中恵美、高道正行
イラスト：ホリナルミ

撮影：山崎ゆり
フードスタイリング：いとうゆみこ

編集：本間朋子（Let It Be Ltd.）
執筆：小池理雄（三代目小池精米店）、清水むすび（一社おにぎり協会）、
　　　平川あずさ、井上ゆき、福田優美、上村一真、本間朋子（Let It Be Ltd.）

栄養監修（第5章）：平川あずさ

ごはん検定　公式テキスト

2016年6月25日　初版第1刷発行

監　修　お米マイスター23区ネットワーク　東京都ごはん区
　　　　一般社団法人　おにぎり協会
発行者　岩野裕一
発行所　実業之日本社
　　　　〒153-0044　東京都目黒区大橋1-5-1 クロスエアタワー 8階
　　　　電話（編集）03-6809-0452　　（販売）03-6809-0495
　　　　http://www.j-n.co.jp/
印刷所　大日本印刷株式会社
製本所　株式会社ブックアート

©Tokyo-to gohan-ku, Onigiri Society 2016.　Printed in Japan
ISBN978-4-408-00888-2（第一BG）

落丁・乱丁の場合は小社でお取り換えいたします。実業之日本社のプライバシーポリシー（個人情報の取扱い）は上記サイトをご覧下さい。本書の一部あるいは全部を無断で複写・複製（コピー、スキャン、デジタル化等）・転載することは、法律で認められた場合を除き、禁じられています。また購入者以外の第三者による本書のいかなる電子複製も一切認められておりません。